Weisheit eines Spekulanten

Das Buch

Im Interview mit Johannes Gross erzählt der erfolgreiche Spekulant Kostolany in unnachahmlicher Manier aus seinem kosmopolitischen Leben. Er schildert seine idyllische Jugend im großbürgerlichen Elternhaus, seine Ausbildung und die ersten Erfolge an der Börse während seiner Zeit in den zwanziger Jahren in Paris, schließlich seine Flucht in die USA, wo seine Erfolgssträhne trotz einiger Mißerfolge nicht abriß. Gleichzeitig entspann sich die spannende Geschichte der Finanzmärkte des zwanzigsten Jahrhunderts.

Die Autoren

Den 1906 geborenen Industriellensohn André Kostolany zogen in seiner Jugend die Musen an. Er studierte Philosophie und Kunstgeschichte mit dem Berufsziel des Kunstkritikers. Seine ersten Erfolge als Spekulant hatte er in den zwanziger Jahren an der Pariser Börse. Bis zu seinem Tod im September 1999 lebte er in Paris, München und an der Côte d'Azur, war Autor zahlreicher erfolgreicher Bücher und ständiger Kolumnist bei *Capital*.

Johannes Gross, langjähriger Herausgeber von *Capital* und *Impulse* sowie Vorstandsmitglied von Gruner & Jahr, begleitete als Journalist und Fernsehmoderator mit feiner Ironie das wirtschaftliche und politische Zeitgeschehen.

Von André Kostolany sind in unserem Hause außerdem lieferbar:

Kostolanys beste Geldgeschichten
Kostolanys Börsenseminar
Kostolanys Börsenpsychologie
Weisheit eines Spekulanten
Bilanz der Zukunft
Der große Kostolany

André Kostolany

Weisheit eines Spekulanten

Im Gespräch mit Johannes Gross

Econ Taschenbuch Verlag

Econ Taschenbuch Verlag, 1998

Der Econ Taschenbuch Verlag ist ein Unternehmen der
Econ Ullstein List Verlag GmbH & Co. KG, München
4. Auflage 2000

Umschlagkonzept: Büro Meyer & Schmidt, München – Jorge Schmidt
Umschlaggestaltung: Init GmbH, Bielefeld
Titelabbildung: Action Press
Druck und Bindearbeiten: Ebner Ulm
Printed in Germany
ISBN 3-612-26610-1

Weisheit eines Spekulanten

André Kostolany, 1906 in Budapest geboren, wohnhaft in Paris, in Deutschland arbeitend, Inhaber eines amerikanischen Passes. Was ist eigentlich Ihre Heimat?

Geboren wurde ich im feudalen Ungarn. Hier habe ich meine Kinder- und Jugendzeit verbracht. Aufgewachsen bin ich im alten kapitalistischen System in Frankreich. Dann lebte ich während des Zweiten Weltkrieges in der Hauptstadt des modernen Kapitalismus – New York City. Seit Kriegsende lebe ich wieder in Europa, bin viel auf Reisen, vor allem innerhalb der Bundesrepublik. Zu Hause bin ich in zehn Städten. Angefangen in New York über London, Zürich, Wien, Venedig, Genf, die französische Côte d'Azur, Budapest, München und natürlich Paris, wo mein Hauptwohnsitz ist. Ich lebe hier, wenn auch mit Unterbrechungen, seit zweiundsiebzig Jahren. Ich fühle mich aber unbedingt auch in

München und der Bundesrepublik zu Hause. Auch wenn ich in München und Paris viel mehr Zeit verbringe als in Budapest, bin ich aber immer noch engagierter ungarischer Patriot.

Aber mit welcher Stadt, welchem Platz verbinden Sie Heimatgefühle?
Wenn Sie sagen, sich selbst fragen: Wo bin ich zu Hause, wo möchte ich sterben, wo habe ich die prägenden Eindrücke meines Lebens erhalten?

Ich habe verschiedene Gefühle für die einzelnen Städte. In Zürich sind meine Eltern begraben. Zwar existieren die Gräber nicht mehr, weil man nur einen Platz für zehn Jahre bekommt, doch das spielt nicht die entscheidende Rolle. Meine alten Börsenkollegen finde ich in Paris, und meine Jugendfreunde treffe ich auf dem jährlichen Maturatreffen in Budapest. In München habe ich keine Jugend-, dafür aber jugendliche Freunde. Die meisten sind zwischen achtzehn und sechzig Jahre alt und könnten damit meine Kinder oder Enkel sein. Die meisten Kollegen und Freunde habe ich heute in Deutschland, da in Paris und Budapest zu meinem großen Schmerz jedes Jahr welche wegspazieren. In New York bin ich nur noch selten, obwohl ich hier vielleicht meine schönsten Jahre verbracht habe. Wenn man mich fragt, welche Sprache ich spreche, dann ist meine Antwort: Mit dem lieben Gott spreche ich Ungarisch, mit meinen alten Kollegen und Freunden Französisch, mit meinen Schülern Deutsch, mit den Bankern und Brokern Englisch.

Sie haben die ersten zwanzig Lebensjahre in Budapest verbracht. Sie sind dort zur Schule gegangen. Wenn Sie an Ihre Budapester Zeit zurückdenken, wie war Ihr Elternhaus?

Ich wuchs in einer großbürgerlichen Familie auf. Mein Vater besaß eine Spirituosenfabrik, in der ein Magenbitter hergestellt wurde, so wie Underberg heute. Außerdem war er Stadtrat in Budapest.

Ich hatte noch drei ältere Geschwister, meinen vierzehn Jahre älteren Bruder Emmerich und Béla, der zehn Jahre älter war. Beide hatten zuerst in Deutschland und dann in London Wirtschaft studiert. Sie kamen erst nach dem Attentat von Sarajevo einige Wochen vor Ausbruch des Ersten Weltkrieges nach Budapest zurück. Später arbeitete Emmerich bei einer Bank in Budapest, und Béla führte das 1830 gegründete Familienunternehmen – besagte Spirituosenfabrik – weiter. Auch meine Schwester Lilly war mit acht Jahren Differenz zu mir wesentlich älter als ich. In meinen frühen Kindheitsjahren war sie manchmal wie eine zweite Mutter für mich. Lilly war zweimal gut verheiratet und hatte außerdem auch eine große Mitgift. Ihr erster Mann war Unternehmer in der gleichen Branche wie mein Vater, allerdings spezialisiert auf Cognac. Ich habe ihn sehr gemocht. Er war entzückend, und auch meine Schwester blieb nach der Scheidung noch mit ihm befreundet. Ihr zweiter Mann, Andreas Rapoch, war Bankdirektor. Nach dem Zweiten Weltkrieg heirateten sie und gingen zusammen nach Zürich, wo meine Schwester 1988 im Alter von einundneunzig Jahren starb. Sie hat dort ein gutes Leben geführt, denn ihr Mann hatte mit Freunden aus Budapest eine gutgehende Firma gegründet und konnte ihr ein angenehmes Leben ermöglichen.

Unnötig zu sagen, daß ich aufgrund meiner wesentlich älteren Geschwister natürlich das Nesthäkchen meiner Mutter war. Was nicht heißt, daß sie auf Benehmen nicht geachtet hätte. Ganz im Gegenteil, ihre moralischen Ansprüche waren wesentlich höher als die meines Vaters, der eher ein Schlitzohr war. Meine Mutter aber wurde schon rot, wenn sie das Wort Badezimmer aussprach. Sie setzte ihre Vorstellungen von Anstand allerdings nicht mit genügend Vehemenz durch, weshalb meine Schwester auch gar nicht nach ihr kam. Ich höre meine Mutter immer noch sagen: »Ich weiß nicht, woher die Lilly diese Ausdrücke hat?«

Meine Eltern ergänzten sich sehr gut. Ich habe ja schon oft geschrieben und gesagt, daß ich es für besser halte, wenn die Frau über das Budget wacht und eher ein bißchen geizig ist, während der Mann der Leichtsinnsvogel sein darf. Durch die Erfahrung in unserer Familie und im Bekanntenkreis hat sich dieser Glaubenssatz bestätigt. Beschimpfte meine Mutter meinen Vater als Verschwender, wenn er wieder einmal zuviel Geld ausgegeben hatte, antwortete er nur: »Warum denn? Lieber so als für die Apotheke.« Er war ein ausgesprochener Bohemien und unverbesserlicher Optimist.

Noch als Zwanzigjähriger warnte mich die Mutter ständig: »Paß auf, wenn du über die Straße gehst«, »Gib acht, wenn du in die Straßenbahn steigst« und gab mir ähnlich bedeutsame Ratschläge. Meinem Vater dagegen wäre solches nie eingefallen, selbst an meine Schularbeiten erinnerte er mich nie. Er war eben ein Optimist und lebte ins Blaue hinein. Als während der Belagerung Budapests durch die Russen 1944 meine Eltern tagelang im Luftschutzkeller hausen mußten und als die Bomben rechts und links fielen, die Kanonen donnerten, das Haus zitterte und zusammenzubrechen schien, wiederholte mein Vater ununterbrochen wie eine Maschine: »Nichts wird passieren, nichts wird passieren, wir werden überleben.« Und er hat auch recht behalten, denn er überlebte alles, Bomben, Kanonen und Belagerung.

Es gibt eine Anekdote, die seinen fast perversen Optimismus am besten illustriert: Meine Schwester kam in den Mittagsstunden immer zu meinen Eltern, um ihnen von den neuesten Tratschereien aus Budapest zu berichten.

Nachts war meine Cousine Elisabeth, die Lieblingsnichte meiner Mutter, plötzlich verstorben. Meine Schwester wollte der Mutter diese Nachricht langsam (kaffeelöffelweise) beibringen: »Leider, Mama, ist die Elisabeth schwer erkrankt«, fing sie an.

»Jesses Maria« war der Ausruf meiner Mutter, »was ist denn los?« – »Was kann denn schon los sein«, donnerte mein Vater, »sie ist krank, und sie wird wieder gesund werden.«

»Aber sie ist sehr krank«, beharrte Lilly. »Und wennschon«, rief mein Vater aus, »auch Schwerkranke genesen in ein paar Wochen.«

»Sie ist vom Arzt aufgegeben«, sagte Lilly mit Trauerflor in der Stimme.

»Mein Gott, mein Gott«, jammerte meine Mutter.

»Das will nichts bedeuten«, beruhigte sie mein Vater. »Soeben begegnete ich meinem Freund

Möller, er war von den Ärzten als hoffnungsloser Fall aufgegeben worden, und jetzt ging er gerade fröhlich zum Mittagessen.«
Als meine Schwester nun sah, daß mit dem sturen Alten kein Weiterkommen war, daß er gegen jede schlechte Nachricht auf das heftigste Widerstand leistete, rückte sie endlich mit der ganzen Wahrheit heraus: »Also, damit du es genau weißt, die Elisabeth ist heute nacht gestorben.«
Mein Vater aber brummte nur: »Nun, wenn sie schon tot ist, dann können wir ja sowieso nicht mehr helfen ...« Damit war die Debatte beendet, und die Sache wurde ganz einfach ad acta gelegt.
Noch kurz vor seinem Tod, als er in Zürich im Alter von siebenundachtzig Jahren mit einer Lungenentzündung im Bett lag, bat mich mein Vater, ihm Kaviar und Portwein zu besorgen. Ich erfüllte ihm den Wunsch natürlich und fuhr am nächsten Tag wieder ab nach Paris, weil er schon wieder auf dem Wege der Besserung zu sein schien. Als kurz vor seinem Tod die Krankenschwester hereinkam und ihn fragte: »Wie geht's, Herr Kostolany?«, sagte er freudestrahlend und vor Kraft strotzend: »Sehr gut, schönes Fräulein.« Meine Mutter schüttelte nur mit dem Kopf und meinte: »Wenn du eine schöne Frau siehst, geht es dir gleich viel besser.« Doch am Tag darauf erhielt ich von meiner Schwester ein Tele-

gramm mit der Nachricht, unser Vater sei eingeschlafen.

Sie sind katholisch getauft, aber Ihre Familie ist eigentlich jüdischen Ursprungs.

Meine Eltern waren schon vor meiner Geburt Katholiken geworden. So wurde ich bereits als Katholik geboren und getauft. Aber wir waren jüdischer Abstammung, was im Zweiten Weltkrieg natürlich von Bedeutung war. In Budapest waren viele Juden zu Christen geworden und hatten sich taufen lassen, jedoch nicht immer katholisch so wie wir, sondern auch evangelisch oder calvinistisch. Einer meiner Jugendfreunde, der heute an der französischen Riviera lebt und mit seinen einundneunzig Jahren täglich Bridge spielt, ist zum Beispiel evangelisch genauso wie mein bester Jugendfreund Hans Kanitz. Sie gingen zwar auf ein evangelisches Gymnasium, aber es gab in der Freizeit genügend Berührungspunkte. Der ganze Freundeskreis unserer Familie war somit nicht nur jüdisch, sondern vollkommen gemischt, wie auch der Stadtrat, dessen Mitglied mein Vater war. Die unterschiedlichen Glaubensgemeinschaften arrangierten sich sehr gut. Wie gut, zeigt eine authentische Geschichte von

damals: Die Juden spielten in Budapest eine sehr einflußreiche Rolle. Nicht der Adel, sondern die Juden hatten Budapest zusammen mit den Donauschwaben aufgebaut. Von den 500 000 Juden, die damals insgesamt in Ungarn waren, lebten 300 000 in der Hauptstadt. Budapest war dadurch eine sehr jüdische Stadt. Man nannte es deshalb auch Judapest.
Nach dem Ersten Weltkrieg restaurierte man das Zweihäuserparlament. Zum einen das Abgeordnetenhaus und zum anderen das Oberhaus, welches sich aus mehreren Gruppen zusammensetzte: erstens ernannte Magnaten, zweitens solche, die es durch Geburtsrecht waren – also Uradel –, und drittens Entsandte der ungarischen Provinzen sowie Vertreter verschiedener Körperschaften und Interessengruppen, unter ihnen auch die verschiedenen Konfessionen. Dazu gehörte die katholische Kirche und natürlich die calvinistische – dreißig Prozent Ungarns war ja calvinistisch. Außerdem waren noch evangelische Bischöfe vertreten und kleine Gruppen wie die Unitarier, Baptisten und sogar Sabbatisten, die zwar Christen waren, aber nicht den Sonntag, sondern den Samstag, also Sabbat feierten. Ich hatte sogar Schulkollegen, die letzterer Konfession angehörten.
Das Oberhaus war ein bunter Mischmasch und damit ein Spiegelbild der k. u. k. Monarchie.

Auch die Juden hatten zwei Großrabbiner als Vertreter im Magnatenhaus. Einer war von der Gemeinde der Neologen und der andere von den Orthodoxen. In Amerika gibt es mit den Reformisten noch eine weitere Gemeinde, die es in Ungarn damals aber nicht gab. Der Oberrabbiner der Neologen war Emanuel Loew, er war immer in ungarische Nationaltracht gekleidet. Sein Gegenpart bei den Orthodoxen war Koppel Reich. Er sah so aus, wie wir die orthodoxen Juden heute noch kennen, mit Kaftan, einem langen Bart und dem jüdischen Hut. Ich sah ihn täglich auf meinem Schulweg in der Drahtseilbahn von Schwabenberg nach Pest, wo meine Schule war. Für diejenigen, die Budapest nicht kennen, muß man erklären, daß die Stadt durch die Donau zweigeteilt ist. Der eine Teil ist Buda, und der andere heißt Pest. Der Oberrabbiner saß in der Drahtseilbahn mit seinen Schülern, denen er Vorträge hielt. Als man nach dem Ersten Weltkrieg das Oberhaus konstituiert hatte, mußte nach alter Tradition durch das älteste Oberhausmitglied, das dafür in Nationaltracht zu erscheinen hatte, die erste Sitzung eröffnet werden. Das älteste Mitglied war Koppel Reich, der aber als orthodoxer Oberrabbiner unmöglich in Nationaltracht mit Degen erscheinen konnte. Er besaß weder Degen noch Tracht, sondern nur seinen Stock. Niemand wollte sich dieses Bild vorstellen. Alle Oberhausmitglieder in Nationaltracht, nur der Präsident, der die Eröffnungsrede hält, trägt einen Kaftan. Das Dilemma war da, zwei alte Traditionen, von denen man keine aufgeben wollte, prallten aufeinander. So bat man Koppel Reich diskret, zur ersten Sitzung nicht zu erscheinen, um nicht gegen eine der beiden Traditionen zu verstoßen. Denn wenn er nicht dasein würde, würde an seine Stelle automatisch der Nächstälteste treten. Vielleicht mag es dem einen oder anderen in Kenntnis heutiger Demokratien eigenartig vorkommen, daß die verschiedenen Konfessionen ihre Vertreter im Oberhaus hatten. Damals spielte es aber eine wichtige Rolle. Ich erinnere mich noch genau an den neologischen Oberrabbiner Emanuel Loew, der eine feurige Rede gegen einen Numerus clausus an der Budapester Universität hielt. Wobei es hier nicht um einen Numerus clausus im heutigen Sinne ging, der einen gewissen Notendurchschnitt verlangt. Der damals im ungarischen Parlament diskutierte Numerus clausus sollte die Anzahl der jüdischen Studenten auf sechs Prozent begrenzen, da nach Meinung vieler Politiker zu viele Intellektuelle und Akademiker Juden waren. Da man diejenigen, die so wie ich schon länger getauft waren, nicht mehr zu den Juden zählte, fiel ich zum Glück nicht unter diesen Numerus clausus.

Emanuel Loew kämpfte engagiert gegen diese Regelung, konnte sie am Ende aber nicht verhindern. Man kann sagen, daß sein Scheitern den Fluß der Weltgeschichte beeinflußt haben. Viele, die damals keinen Studienplatz mehr bekamen oder den Antisemitismus an der Universität nicht akzeptieren wollten, emigrierten nach Amerika und wurden dort die größten Gelehrten. Unter ihnen waren z. B. die berühmten Physiker Leo Szilárd und Nobelpreisträger Wiegner, die zusammen mit Enrico Fermie die Atombombe entwickelt haben. Und mein Spielkamerad Edward Teller war später für das Entstehen der Wasserstoffbombe verantwortlich und als Berater Präsident Reagans ein Mitgestalter des Atombombenabwehrsystems SDI. Da SDI die Sowjets so in die Defensive brachte, daß sie bei den Abrüstungsverhandlungen nachgeben mußten, kann man sagen, Edward Teller ist einer der Hauptverantwortlichen für den Entspannungsprozeß in der ganzen Welt. So hat der Numerus clausus der Budapester Universität am Ende zum Weltfrieden beigetragen.
Auch heute noch gibt es in Amerika keine Universität, an der nicht ungarische Professoren lehren.

Sie sind von einer deutschen Gouvernante erzogen worden?

Es war mehr eine Lehrerin. Sie hieß Sophie Reuss, kam aus Bamberg und war in Budapest Geschäftsführerin des deutschen Kulturbundes. Ich denke noch oft an sie, weil diese überzeugte deutsche Patriotin zu unserer Familie gehörte wie ein altes Möbelstück. Ich hatte durch sie aber das Glück, schon sehr früh Deutsch zu lernen. Fräulein Sophie liebte ihre Heimat feurig, dafür haßte sie die Franzosen. Das Wort Franzose hat sie nicht ausgesprochen. Für sie waren es nur die Saufranzosen. Ihre Ansicht war jedoch keineswegs exzentrisch, sondern vielmehr ein Spiegelbild der damaligen Stimmung zwischen Deutschen und Franzosen.

Wie kam es denn, daß Sie so relativ früh Ihr Heimatland Ungarn verlassen haben und nach Paris gegangen sind? Hing das mit Ihrem Berufsplan zusammen?

Nein, es war eigentlich eher ein Zufall. Ich studierte Philosophie und Kunstgeschichte in Budapest. Meine Eltern fuhren wie jeden Winter an die Côte d'Azur und machten auf Ihrer Fahrt einen Abstecher nach Paris. Dort besuchte mein Vater einen alten Schulkollegen, den Monsieur Alexander. Er war ein interessanter Mann, nicht nur, daß er sehr vermögend war, auch seine Familie ist erwähnenswert. Er hatte vier Kinder von einer sehr vermögenden Französin. Einen eher mißratenen Sohn, aber zwei interessante Töchter. Die älteste war eine Intellektuelle und unsterblich verliebt in den Ungarn Marcel von Nemes, der zu seiner Zeit einer der größten Kunstsammler war. Er lebte in Starnberg auf einem Schloß. Alexanders zweite Tochter, Antoinette, hatte auch eine höchst interessante Beziehung. Sie war die Geliebte von Paul Geraldy, einem der großen Dichter seiner Zeit. Verheiratet war sie später jedoch mit Max Ernst, dem großen deutschen Maler. In Erinnerung blieb mir aber vor allem Antoinette, weil sie eine sehr gute Spekulantin war. Das lag in der Familie, denn ihr Vater Alexander war ein großer Macher an der Pariser Warenbörse. Er besaß zusammen mit seinem Bruder eine Maklerfirma.

Monsieur Alexander gab meinem Vater bei diesem Besuch den Tip, auf den Fall des französischen Franc zu spekulieren. Es sei eine sichere Sache. In der Tat spekulierte damals der ganze Finanzadel auf den Sturz der französischen Valuta. Frankreich litt noch unter den Folgen des Krieges und war trotz des Sieges über die Deut-

schen stark geschwächt: Millionen Tote, zahlreiche verwüstete Städte und die Staatsfinanzen im totalen Chaos.
Und auch über ihre Familien tauschten die beiden sich aus. »Was machen deine Kinder?« fragte Alexander. »Der erste ist Bankdirektor, der andere leitet das Familienunternehmen, meine Tochter ist gut verheiratet, und mein Jüngster, der André, studiert Philosophie und Kunstgeschichte«, antwortete mein Vater. »Was? So ein Unsinn. Will er vielleicht Poet werden? Schick ihn zu mir nach Paris, da wird er mehr lernen«, sagte Alexander. Dieser Tip war wunderbar und meine weitere Lebensgeschichte ein Resultat dessen.

Und wie war der erste Tip?

Der war ausgesprochen schlecht. Mit der Spekulation gegen den Franc verlor mein Vater eine Menge Geld.
Ein waghalsiger deutscher Spekulant, der Stuttgarter Dr. Fritz Mannheimer, war damals der größte Bankier in Europa, Chef des Hauses Mendelsohn und Co. in Amsterdam und Partner der alten Berliner Patrizierfirma Mendelsohn und Co.
Er war zu einem großen Fest in Wien von dem König der Inflationsspekulanten, Camillo Casti-

glioni, dem »österreichischen Stinnes«, wie er genannt wurde, eingeladen. Castiglioni (Sohn des Triester Oberrabbiners und ehemaliger Verkäufer der Reifenfirma Semperit) hatte nach Milliardengewinnen bei der österreichischen Inflation nun die fixe Idee, der französische Franc müsse, wie schon vorher die Mark und die Währungen der k. u. k. Monarchie, auch in den Keller stürzen. Es gelang ihm, Fritz Mannheimer von der Richtigkeit seiner Ansicht zu überzeugen und mit ihm und einigen anderen Bankiers und Spekulanten aus Wien und Amsterdam ein Syndikat zu bilden, um den französischen Franc auf allen Finanzplätzen mit Hilfe der Fachpresse zu diskreditieren und anzugreifen.

Was bedeutet das, eine Währung anzugreifen? Sich Riesenkredite in der betreffenden Währung zu verschaffen und diese Beträge dann auf allen Finanzplätzen wie London, Zürich, Amsterdam usw. anzubieten – wenn möglich mit viel Tamtam, Zeitungsartikeln, Mund-zu-Mund-Propaganda usw. …

Die Währung gleitet zunächst (erst) langsam in die Tiefe, der Rückgang verbreitet Pessimismus unter dem Publikum, und durch eine Kettenreaktion wird es von Angst ergriffen und wirft – wie in diesem Fall – seine Francguthaben über Bord. Die Schuldner können dann mit Hilfe der hervorgerufenen Panik die geschuldeten Franc

bei tiefem Kurs einkaufen. Genau das gleiche Vorgehen, oder man könnte auch sagen dieselbe Taktik, wie Ende der siebziger, Anfang der achtziger Jahre unter der schwachen Carter-Administration hinsichtlich des Dollars.
Das Tandem Castiglioni–Mannheimer war äußerst erfolgreich. Der Kurs des Franc fiel immer tiefer, begleitet von den Francverkäufen aller Spekulanten Europas, und Castiglioni wurde immer reicher. Um auch etwas Gutes über den ehemaligen Semperitverkäufer zu sagen, möchte ich bemerken, daß er viel für das kulturelle Leben getan hat. Er finanzierte zum Beispiel Max Reinhardt, den größten Theatermann jener Zeit und Gründer der Salzburger Festspiele. (Die damaligen Inflationswunden sind heute gut verheilt, aber die Festspiele florieren immer noch.)
Nun, der Franc rutschte immer tiefer, denn auch die französische Regierung tat das Ihrige dazu, daß das Vertrauen in ihre eigene Währung völlig verlorenging. Eine Regierung stürzte nach der anderen und mit ihnen auch der Franc. Ich erinnere mich noch an die Atmosphäre in Frankreich, als sei es gestern gewesen.
Es kam 1926 zum Wahlsieg der Linkskoalition unter Edouard Herriot, dem deutschfreundlichen Politiker, Bürgermeister von Lyon, Musik- und Beethovenforscher. Sein Finanzminister Anatole

de Monzie, ein ganz brillanter Intellektueller (den ich später persönlich gut kannte), fing seine Rede im Parlament mit folgenden Worten an: »Meine Herren, die Kassen sind leer ...!«
Große Erschütterung im Parlament und im ganzen Lande. Der Franc stürzte auf einen neuen Tiefpunkt und mit ihm die Regierung. Demonstrationen gegen die Volksvertretung, großer Haß auf Ausländer (wie oft in der französischen Geschichte): »Da kommen die Fremden und essen unser Brot auf«, das ist ein altes Lied. Man bewarf die Touristenbusse mit Steinen und zertrümmerte die Scheiben der Kinos, die ausländische Filme zeigten. Die Panik war da, und der Franc lag im Sterben.

Und plötzlich geschah etwas, was sich alle Devisenhändler immer vor Augen halten sollten. Die Nachricht kam aus dem Elyseepalast: Raymond Poincaré akzeptiere, Ministerpräsident und gleichzeitig Finanzminister zu werden. Die Tendenz auf dem Devisenmarkt schlug von einer Minute auf die andere um, denn Poincaré war zum Symbol des französischen Patriotismus und aller Tugenden geworden. Bestimmt war er kein übermäßig gescheiter Mann, ein trockener Jurist, aber integer, puritanisch und ein glühender Patriot, übrigens stur wie jeder Lothringer. Er war der Präsident der Republik während des Welt-

krieges, ein leidenschaftlicher Deutschlandfeind (das gehörte damals zu den französischen Tugenden), und was noch viel wichtiger war, er bekam von dem New Yorker Bankhaus John P. Morgan sofort die Zustimmung für eine Anleihe von 200 Millionen Dollar.
Wie unter einem Zauberstab verwandelte sich im Handumdrehen alles. Diesmal gerieten die Baissespekulanten in Panik, wollten schnell die schuldigen Franc zurückkaufen, denn jeder hatte ja soviel Francschulden, wie er nur konnte. (Einer meiner Freunde war Millionen auf eine Porzellanfabrik schuldig. Warum? Weil gerade diese Fabrik auf Kredit zu haben war.) Der Franc kletterte immer höher, und an der Börse konnte man die ausländischen Aktien (Goldminen, Ölwerte usw.) aufgrund der massiven Verkaufsaufträge überhaupt nicht mehr notieren. Es gab nur Verkaufsaufträge, da ja alle Spekulanten – klein oder groß – aus ganz Europa ausländische Wertpapiere gegen Franc auf Kredit gekauft hatten. Und nun wollte jeder sie loswerden. Tausende von Spekulanten waren pleite, und sogar einige große französische Unternehmen (Warenhäuser, Exportfirmen ...) gerieten in Zahlungsschwierigkeiten, da sie Hunderte Millionen Franc schuldig waren. Der französische Franc stieg innerhalb eines Jahres um 100 Prozent, und die französische Zentralbank mußte sogar aus

Exportüberlegungen den Wechselkurs künstlich »tief« halten. In der französischen Finanzgeschichte blieb diese Episode unter dem Namen die »Marneschlacht des französischen Franc« in Erinnerung. Ganz Wien, halb Prag und Budapest, Amsterdam waren pleite.
Mein Vater wurde aber durch den zweiten Tip Alexanders, mich bei ihm in die Lehre zu schikken, reichlich entschädigt. So landete ich quasi mit dem Fallschirm in Paris. Ich weiß nicht, ob man sich heute vorstellen kann, was das für einen jungen Mann bedeutete, aus dem armen Budapest, das durch die große Inflation nach dem Ersten Weltkrieg nicht mehr das wohlhabende Budapest von früher war, nach Paris zu kommen.

Sie behaupten ja auch heute noch, daß man auf Tips nicht allzuviel geben kann, wenn man an der Börse spekulieren will.

Absolut richtig. Mein Glaubenssatz lautet: »Information gleich Ruination.« Ich habe es Hunderte Male erlebt, wie Spekulanten mit den todsichersten Tips reingefallen sind und ihr ganzes Geld verloren haben. Ich gebe deshalb auch keine Tips, sondern lehre, wie man mit eigenen

Ideen und Visionen Geld macht. Obwohl ich heute einen Tip für Anleger habe: Sie sollen in die Apotheke gehen, Schlafmittel einkaufen, dann eine erstklassige Palette internationaler inklusive deutscher Standardaktien ins Depot legen, die Weckeruhr auf 1999 stellen und schlafen. Draußen kann es donnern und blitzen, das darf der Anleger nicht bemerken, denn wenn er 1999 aufwacht, wird er eine schöne Überraschung erleben.

Also geben Sie im Augenblick eine positive Langfristprognose über die Entwicklung der deutschen Wirtschaft.

Ja, absolut. Ich gehe sogar noch weiter und sage ein zweites deutsches Wirtschaftswunder voraus. Ob ich es noch erleben werde, weiß ich nicht. Ich nehme mir das Recht, eine solche Prognose zu machen, weil ich bereits das erste deutsche Wirtschaftswunder vorausgesehen und rasant davon profitiert habe.

Wir sprachen von Tips. Welche Erfahrung haben Sie als Börsianer aber mit sogenannten Insiderinformationen gehabt, also Informationen, die nicht allgemein zugänglich sind, die Ihnen irgendwie auf berufliche, auf informelle Weise zugesteckt wurden?

Darüber habe ich oft geschrieben. Das Ergebnis ist das gleiche wie bei den Tips. Man muß das Gegenteil von dem machen, was die Informationen sagen. Immer wenn ich so gehandelt habe, war ich der Gewinner, folgte ich jedoch den Insiderinformationen, war es ein Reinfall. So wie Picassos Porträts, wo die Beine oben und der Kopf unten sind. Wenn mir der Direktor einer Firma sagt, ich solle die Aktien seines Unternehmens kaufen, mache ich genau das Gegenteil und vice versa. Die Familie Laniel, früher eine der reichsten Familien Frankreichs, erlebte die größte Blamage mit Insiderinformationen und ging sogar dabei zugrunde. In die Spekulation war auch einer meiner guten Bekannten verwickelt, der ebenfalls sein Vermögen verlor. Er hatte zwischen der mexikanischen Regierung und französischen Industriellen große Geschäfte abgewikkelt und stand in einer gewissen Partnerschaft mit den verschiedenen Firmen der Familie Laniel. Einige Tage vor den Osterfeiertagen 1952 traf ich ihn in der Halle des Carlton-Hotels in Cannes. Er setzte sich zu mir und stellte mir folgende merkwürdige Frage:

»Was halten Sie, André, vom französischen Franc? Glauben Sie nicht, daß er abgewertet wird?« Erstaunt bekannte ich: »Warum, ich sehe keinen Grund dafür.« – »Doch« war die Antwort, »es gibt verschiedene Argumente, die zu kompliziert sind, um sie Ihnen zu erklären. Aber ich glaube, daß er abgewertet wird.«

»Ich verstehe wirklich nicht, warum«, meinte ich. Er blieb aber hartnäckig und behauptete, der französische Franc werde noch vor dem Herbst devaluiert. Viel später erst verstand ich den Grund für seine Sicherheit. Er war ja ein Eingeweihter, da er mit der Gruppe Laniel in enger Verbindung stand und wahrscheinlich sogar an Transaktionen der Gruppe gewisse Interessen hatte. Kurz und gut, einige Tage später, am Ostermontag abends, kam er im Kasino auf mich zu und meldete mit entsetzter Miene: »Soeben erfuhr ich, daß die mexikanische Regierung den Peso um fünfunddreißig Prozent abgewertet hat.«

Er war außer sich, die Nachricht hatte ihn ungeheuer schwer getroffen. Warum, entdeckte ich dann erst später... In dieser Zeit war Senator Joseph Laniel Regierungschef. Die finanziellen Schwierigkeiten, die in Frankreich herrschten,

waren die Folge eines Mangels politischer Stabilität, den die ganze Welt beklagte, den aber nur wenige zu beheben überhaupt versuchten.
Senator Laniel war Anfang der fünfziger Jahre an die Macht gekommen. Er hatte mit seinen Vorgängern nicht viel Ähnlichkeit. Laniel stammte aus einer der größten Familien der Industrie und des Handels und war der Herr über eine Vielzahl von blühenden Familienunternehmen, die ebenso erfolgreich wie solide waren.
Vielleicht aus nationalen Gründen, aber wohl auch, weil sich seine persönlichen Geschäfte dadurch noch abrunden würden, wünschte er eine Abwertung des Franc und arbeitete insgeheim darauf hin. Trotz entsprechender Gerüchte, die sich auch hartnäckig hielten, erforderte die Situation jedoch keineswegs eine solch strenge Maßnahme. Jedenfalls glaubten gutinformierte Leute wie zum Beispiel mein Freund fest an die Abwertungspläne der Regierung, und sie täuschten sich diesmal nicht ganz. Der Regierungschef wollte die Abwertung wohl deswegen, weil er schlicht und einfach gegen den Franc spekuliert hatte. Dabei bediente er sich einer wahrlich genialen Kombination, bei der alle Gesellschaften seiner Familie engagiert waren. Diese Firmen hatten im großen Stil Waren nach Mexiko verkauft. Die mexikanischen Importeure, unter ihnen auch der Staat, hatten mit auf Pesos lauten-

den Wechseln bezahlt, eine damals durchaus solide Währung. Die Laniel-Firmen brachten natürlich die Wechsel der französischen Notenbank zum Diskont. Sie waren also im Besitz eines Guthabens in mexikanischen Pesos und einer Schuld in Francs gegenüber der Notenbank. Das Interesse des Ministerpräsidenten und seiner Familie an einer Abwertung ist leicht zu verstehen, um so mehr, als es sich bei diesem Geschäft um riesige Summen handelte. Eine Schuld in Francs gegen ein Guthaben in mexikanischen Pesos ist genaugenommen eine Devisenspekulation auf den Sturz des französischen Franc.
Es war soweit alles »in Butter«, als ein Hindernis auftauchte, das das ganze schöne Gebäude zum Einsturz brachte. Aufgrund gebieterischen Vetos des Fachmanns auf diesem Gebiet, des Finanzministers Edgar Faure, fand die Abwertung nicht statt. Er erklärte mir viele Jahre später: »Ich habe überhaupt keine Notwendigkeit dafür gesehen.« (Von den mexikanischen Wechseln wußte er natürlich nichts, er kannte lediglich die scharfe Argumentation Laniels für die Abwertung.)
Was jedoch dann stattfand, war noch viel dramatischer. Ohne die geringste Vorankündigung, ohne Vorwarnung, gab die mexikanische Regierung am Samstag vor Ostern 1952 eine Blitzabwertung des Peso um fünfunddreißig Prozent bekannt. Für den Ministerpräsidenten und seine

Familie verringerte sich das Peso-Guthaben um fünfunddreißig Prozent, aber die Schuld in Francs blieb leider gleich. Das zu stopfende Loch war so groß, daß die Familienreserven, die, wie es hieß, sehr bedeutend gewesen waren, darin verschwanden. Ein Regierungschef, der seine Familie zu Spekulationen gegen die Währung des eigenen Landes veranlaßt, das sollte doch eigentlich ein sicherer Tip sein! Ich fragte mich sogar, ob ich mich dieses eine Mal – wenn ich rechtzeitig gewußt hätte, daß Laniel auf den Sturz des Franc spekulierte – nicht doch auch hätte verführen lassen, trotz meiner Überzeugung, daß alle Tips falsch sind. Aber so ein Tip! Heute würde ich allerdings nicht mehr darauf hereinfallen.

Glauben Sie, daß die Insiderkontrollen in den verschiedenen Ländern wirklich effektiv sind?

Das ist schwer zu sagen, denn man kennt nur die öffentlich gewordenen Fälle. Außerdem ist die Definition – was ist eine Insiderinformation und was nicht? – eine schwere Sache. In Deutschland gab es vor einiger Zeit den Insiderskandal Franz Steinkühler. Als man seine Transaktionen entdeckte, gab es in der Bundesrepublik noch kein Gesetz, das den Insiderhandel unter Strafe stellte. Jetzt gibt es dieses Gesetz. Ob es effektiv angewandt wird, weiß ich nicht, weil ich die Dunkelziffer nicht kenne. Im übrigen waren die Informationen, die der IG-Metall-Vorsitzende Steinkühler besaß, mehr als eine Insiderinformation. Es war ein Geschäftsgeheimnis. Und zwischen dem einen und dem anderen mache ich noch einen gewaltigen Unterschied. Es ist etwas anderes, wenn ein an sich unbeteiligter Spekulant eine Insiderinformation durch Zufall, vielleicht auch durch sein Bemühen zugetragen bekommt oder er knallhart ein Geschäftsgeheimnis ausnutzt. Franz Steinkühler war in seiner Funktion als Arbeitnehmervertreter Mitglied des Aufsichtsrates von Daimler-Benz. Hier erfuhr er nicht nur, sondern beschloß zugleich, daß die Aktionäre der Mercedes-Holding für ihre Aktien im Verhältnis 1:1 Daimler-Papier bekommen, was einem Gewinn von rund achtzig Mark pro Mercedes-Aktie gleichkam.

Wenn der Vorsitzende der IG Metall, während er die Arbeiter in den neuen Ländern für ein paar hundert Mark mehr Jahreslohn auf einen Wochen dauernden Streik einschwört, mal eben an der Börse innerhalb weniger Tage durch den Umstand, Arbeitervertreter zu sein, 70 000 Mark einsteckt, dann ist das meiner Ansicht nach mehr als unmoralisch, es ist ein Verbrechen.

Dieses Verhalten wäre in Frankreich, England und vor allem in den USA nicht mit einem Rücktritt erledigt gewesen. Eine Gefängnisstrafe hätte Herrn Steinkühler mit Sicherheit erwartet. Man muß also zwischen solchen und solchen Insiderinformationen unterscheiden.

Wenn jemand wie Steinkühler eine offizielle Funktion ausübt und er die kursbeeinflussende Nachricht selbst mitbestimmt, dann ist es Betrug, wenn er den Informationsvorsprung ausnutzt. Genauso liegt ein Insidervergehen vor, wenn der Direktor einer Goldminengesellschaft von einem großartigen Fund erfährt, dann die eigenen Aktien kauft und erst danach die Information der Presse mitteilt.

Aber die Ausnutzung einer Insiderinformation, die ich als Unbeteiligter durch Zufall zugetragen bekomme, halte ich nicht für unmoralisch. Die Ergebnisse, die ich mit solchen Informationen erzielte, haben oft genug gezeigt, daß es keineswegs ein Weg zum risikolosen Börsengewinn war. Denn wenn ich den Insiderinformationen entsprechend gehandelt habe, habe ich fast immer Watschen bekommen – große Watschen.

Haben Sie Watschen im Elternhaus bekommen?

Nicht oft. Die Erziehung meiner Eltern war nicht überzogen streng, aber der damaligen Zeit entsprechend, in der auf Fleiß und gute Manieren noch mehr geachtet wurde als heute. Wenn einer meiner Eltern streng war, dann eher mein Vater. Ich erinnere mich an eine Watschen: Als wir einmal zu Mittag aßen, sagte ich grob zu unserem Zimmermädchen: »Wasser.« Das fehlende »Bitte« brachte mir eine Ohrfeige meines Vaters ein. Und die zweite Ohrfeige, an die ich mich erinnere, war zugleich meine erste Watschen nicht auf, sondern in der Börse.

Es war am Beginn meiner Pariser Ausbildung. Ich hatte gerade angefangen, bei einem Wertpapier-Broker zu arbeiten, und erhielt den telegrafischen Auftrag von einem Budapester Börsianer, hundert Pecheinchey-Aktien zu kaufen. Mein Chef führte die Order auch ohne entsprechende Deckung aus, weil ich versicherte, den Auftraggeber Emmerich Groß zu kennen. Die Kurse begannen abzubröckeln, doch das versprochene Geld blieb leider aus. Als die Aktien erheblich gefallen und der Verlust auf mehrere tausend Franc (etwa 10 000 DM heute) angewachsen war, liquidierte mein Chef die Position und machte mich für den Schaden finanziell verantwortlich.

Ein halbes Jahr später fuhr ich in die Ferien nach Budapest. Natürlich führte mein erster Weg sofort zur Börse, wo ich Emmerich Groß zu erwischen hoffte. Ich machte ihm eine Szene und war sogar bereit, ihn physisch zu attackieren. Mein Vater, der kein Börsianer, aber Börsenbesucher war, beobachtete die Auseinandersetzung, haute mir eine Riesenwatschen und sagte: »Marsch, nach Hause!« Eine Budapester Zeitung berichtete später sogar davon. Von meinem Vater bekam ich, soweit ich mich erinnere, danach keine Watschen mehr, dafür um so mehr an der Börse.

Ich möchte noch mal einen Augenblick zurück nach Budapest kommen. Sie sind ja zu Zeiten der k. u. k. Monarchie nicht nur geboren, sondern auch groß geworden und zur Schule gegangen. Wie waren diese ersten Jahre in Ihrer Erinnerung?

Meine gesamte Kindheit in Budapest verlief sehr glücklich. Ich hatte keine schweren Krankheiten und genoß durch mein wohlhabendes Elternhaus immer eine ausgesprochen gute Ausbildung. Ich besuchte ein gutes katholisches Gymnasium. Doch auch viele ärmere und deswegen von uns wohlhabenderen manchmal verspottete Klassenkameraden haben große Karrieren gemacht. Auf unserem ersten Maturatreffen nach dem Zweiten Weltkrieg 1948 durfte ich es feststellen. Ein Beweis, daß sehr viel von einem selbst abhängt und die äußeren Umstände keine so entscheidende Rolle spielen, wie manche Verfechter der Chancengleichheit meinen. Sonst gab es nichts weiter Aufregendes außer dem Jahr 1919 vielleicht, als ich mit meinen Eltern nach Wien flüchtete, da die Sowjets versuchten, Ungarn in ihren Einflußbereich zu bekommen. Sie hatten die ungarischen Kriegsgefangenen zum Kommunismus erzogen und mit dem Revolutionsauftrag nach Ungarn zurückgeschickt. So passierte es auch im März 1919, als Graf Michael Karolyi zu schwach war, seine Regierung weiterzuführen.

Als Angehörige der Bourgeoisie mußten meine Eltern Budapest natürlich verlassen. In Wien blühte durch die Flüchtlingsströme der Devisenschwarzmarkt. Da ich viel Freizeit hatte, beobachtete ich den Devisenhandel. Ich entdeckte sehr bald interessante Möglichkeiten und begann quasi meine Börsenkarriere im Alter von dreizehn Jahren. Wien war damals der Umschlagplatz für mitteleuropäische Devisen. Es wurden die neuen polnischen Mark gehandelt, die tschechischen Kronen, Dinar etc. Ich tauschte eine Währung gegen die andere, die andere gegen die dritte und vierte und machte am Ende

zehn Prozent Profit. So wurde ich mit dreizehn Jahren zum Devisenhändler. Seitdem verfolge ich die Devisenmärkte, manchmal aktiv und manchmal auch nur passiv.
Deswegen behaupte ich heute, daß ich von Devisen mehr verstehe als die Mitglieder des Zentralbankrates oder der Chefvolkswirt Ottmar Issing, denn sie waren noch nicht geboren, als ich auf den Finanzmärkten schon zweimal Millionär und zweimal pleite war.
Glücklicherweise hielten sich die Kommunisten nur bis Oktober in Ungarn. Die Rumänen hatten gegen sie mit Erfolg interveniert. Den Kommunisten folgte eine sehr rechte Regierung. Oberhaupt wurde der Admiral Horthy, der heute noch oft als Faschist und Nazi bezeichnet wird, was er aber nicht war. Denn während der Nazizeit hielt er weiterhin Kontakt zu einem ungarischen Juden namens Leo von Goldberger, dessen Tochter heute eine gute Freundin von mir ist. Sie erzählte mir, Horthy habe immer zu ihrem Vater gesagt: »Leo, solange ich hier bin, hast du nichts zu befürchten.« Leider wurde Horthy später selbst von den Nazis weggefegt, und der arme Leo starb wenige Tage vor der Befreiung im Konzentrationslager.
Wie auch immer, wir konnten 1919 nach Budapest zurück.
Besonders an die Fahrt erinnere ich mich noch sehr gut. Es war meine erste größere Autofahrt.

Sie dauerte zwei Tage und zwei Nächte, weil trotz des guten Sterns auf der Motorhaube ständig die Reifen platzten. Schließlich kamen wir an. Ich ging wieder zur Schule, reicher um meine erste Börsenerfahrung auf eigene Rechnung.

Haben Sie denn auch Erinnerungen an den Kriegsausbruch 1914?

O ja. Ich erinnere mich sehr gut an den 28. Juni 1914, als sei es gestern gewesen.

Ich lag krank im Bett. Meine Mutter las mir Grimms Märchen vor. Plötzlich sprang sie auf, weil das sogenannte Nachrichtentelefon summte. Diese technische Einrichtung war der Vorläufer des heutigen Radios. Von sieben Uhr früh bis Mitternacht gab es ein Programm, wie es heutzutage jeder Radiosender hat: Nachrichten, Parlamentsberichte, Presserevue, Konzerte, Opern und so weiter. Nur funktionierte es per Kabel und ohne Lautsprecher, man benutzte einen Ohrhörer. Und das Nachrichtentelefon hatte einen ganz großen Vorteil: Wenn irgendwo in der Welt etwas Wichtiges passierte, summte es laut, um die Nachricht sofort weiterzugeben. Nun, an diesem Sonntagnachmittag summte es besonders laut und so scharf, als wollte es auch die dramatischen Folgen seiner Nachricht ankündigen. Meine Mutter

sprang auf, nahm die Muschel ans Ohr und schrie entsetzt auf: »Jesus, Maria, man hat den Kronprinzen und seine Frau ermordet!«
Das sind Momentaufnahmen, die in der Erinnerung eines Kindes unvergeßlich bleiben.
Wir fuhren anschließend in die Ferien nach Marienbad. In diesem idyllischen Badeort inmitten des Böhmerwaldes ahnte man noch nicht, welche Folgen dieses Ereignis haben sollte. Dabei hat dieser Pistolenschuß vom 28. Juni 1914 die Entwicklung der Weltgeschichte in eine neue Phase geleitet und dadurch auch die Devisen und die Devisenmärkte vieler Länder neu orientiert.
Es war das Abendrot der k. u. k. Monarchie, und jeder lebte in der sorglosen Beschwingtheit, die großen Katastrophen voranzugehen pflegt. Auf der Kurpromenade diskutierte man mit Freunden unter den Klängen der Militärkapelle die neuesten Nachrichten aus Wien, Berlin, Paris und Sankt Petersburg.
Nach mehreren Tagen nervöser Spannung – die Historiker haben diese Atmosphäre oft beschrieben –, nach zahlreichen Intrigen und Notenwechseln brach schließlich der Weltkrieg aus. Auf diese Nachricht hin stoben die Kurgäste, von Panik ergriffen, in alle Länder der Monarchie unter dem Doppeladler auseinander.
Es kam für unsere Familie und für die Ungarn im

allgemeinen nicht ganz so arg. Da Ungarn landwirtschaftlicher Selbstversorger war, gab es genügend Lebensmittel und keine Hungersnöte. Natürlich waren alle männlichen erwachsenen Familienmitglieder in der Armee. Mein Vater nicht, da er bereits zu alt war, aber seine Brüder, von denen einer hochdekorierter Offizier war. Mein Vater hatte nach dem Attentat meine beiden Brüder vorsichtshalber nach Budapest zurückbeordert. Sie waren kurz vor dem Ausbruch des Krieges eingetroffen, mußten aber nur sehr kurz an die Front, nicht zuletzt durch Einwirken meines Vaters, der seine Verbindungen als Stadtrat zu nutzen wußte und seinen Söhnen ungefährliche Posten verschaffte. In unserer Familie gab es daraufhin große Diskussionen. Meine Brüder wollten, wie alle jungen Männer damals, ganz vorne mitkämpfen. Doch mein Vater war zu gescheit, als daß er ihrem Willen nachgegeben hätte. Von unserer Familie sind insgesamt nur wenige im Krieg geblieben. Ich erinnere mich speziell an einen Vetter, der als Deckungsoffizier in der Stadt Lemberg in Galizien stationiert war. Dazu muß man sagen, daß Lemberg damals eine jüdische Stadt war. Er erzählte wunderbare Geschichten über die Juden in Lemberg. So war er z. B. im jüdischen Theater, wo man Shakespeares »Viel Lärm um nichts« gespielt hat, und zwar mit jüdischem Titel, »Viel Melones, wenig

Broches«. Darüber haben wir gut gelacht. Die ungarischen Juden waren damals gar nicht glücklich über die galizischen Juden, die nach der russischen Offensive als Flüchtlinge nach Budapest kamen. Denn die Budapester Juden waren keine Juden, sondern Magyaren. Genauso wie die französischen Juden in den 30er Jahren auch nicht erfreut über die jüdischen Flüchtlinge aus Deutschland waren. Es war wie bei den Budapester Juden kein Egoismus, sondern nur die Angst vor einem Antisemitismus, der durch die jüdischen Flüchtlinge schnell entstehen konnte. Eine Angst, die leider berechtigt war.

Und erinnern Sie sich noch daran, wie die Ungarn auf den Kriegsausbruch reagiert haben?

Es war eine Riesen-Hurrastimmung.
Riesige Menschenmengen zogen durch die Straßen und jubelten: »Es lebe der Krieg!«, »Serbien muß sterbien!«, »Es lebe der Kaiser Franz Joseph der Erste!«, »Es lebe Wilhelm der Zweite!«,»Es lebe Viktor Emanuel der Dritte!«, »Es lebe Achmed (wahrscheinlich der Vierte)!« Franz Joseph und Wilhelm waren die Herrscher des sogenannten Dreierbündnisses – dem aber Viktor Emanuels Italien im letzten Moment

doch noch die kalte Schulter zeigte, um zum Gegner überzugehen.
Der Jubel dauerte mehrere Tage. Einige Monate später wurden dann verschiedene Maßnahmen getroffen, unter anderem erging auch eine Aufforderung der Regierung an die patriotischen Bürger, aus Liebe zum Vaterland der Regierung Goldobjekte anzubieten. »Gold für Eisen« war die Devise. Männer und Frauen gaben sogar ihre Eheringe her, für die sie einen Eisenring bekamen mit der Gravur »pro patria«.

Das fing ja in den Napoleonischen Kriegen an.

Da schon? Das wußte ich nicht, da hab' ich was gelernt. Ich fragte meinen Bruder Emmerich, der als frischgebackener Volkswirt aus London kam: »Warum sollen die Leute ihre Goldsachen abgeben?«
Dieser war glücklich, daß er mir, seinem kleinen Bruder, einen Vortrag halten konnte, und erklärte, daß die Regierung für Gold Dollar bekommen könne. »Und wozu braucht man Dollar?« – »Der Dollar ist das amerikanische Geld, und man kann dafür Rohstoffe, Waffen und so weiter kaufen, die für die Kriegführung wichtig sind – und wenn alle Stricke reißen, kann man damit ins neutrale, sichere Amerika auswandern.«

Das war mein erster Kontakt mit dem Begriff »Dollar«, über dessen Rolle in der Welt seither ununterbrochen debattiert wird und dessen »Verhalten« für meine gelungenen und mißlungenen Geldabenteuer sowie für die der vielen hunderttausend Spieler, Spekulanten, Devisenhändler so oft entscheidend war.
»Was macht der Dollar?« – Ja, diese Frage kenne ich seit 70 Jahren. Sie war mal von größerer, mal von geringerer Bedeutung, aber sie zieht sich wie ein roter Faden durch die Wirtschaftsgeschichte der vergangenen Jahrzehnte.

Sie geben auch jeden Tag noch Antworten darauf, was der Dollar macht.

Ich habe sogar ein Buch mit dem Titel *... und was macht der Dollar?* geschrieben.

Ihre Antwort ist per saldo immer die, getragen vom Vertrauen in die amerikanische Volkswirtschaft, daß der Dollar eben nicht untergeht, sondern zu den beständigen Dingen auf dieser Erde gehört.

Ja, dieses Vertrauen in den Dollar habe ich bekommen, während ich in Amerika lebte. Ich war dort von Pearl Harbor bis Victory Day. An jedem Tag erlebte ich die Potenz und Kraft Amerikas. An den Kriegsausbruch für die Vereinigten Staaten erinnere mich noch genauso, wie ich mich an das Attentat von Sarajevo erinnere. Nur daß ich die Nachricht im Autoradio hörte.
Dann kam die große Rede Präsident Roosevelts, in der er offiziell den Kriegszustand mit dem Kaiserreich Japan verkündete.
Genauso überraschend, wie der Angriff auf Pearl Harbor Amerika traf, genauso organisiert bereitete Amerika das Land und die Wirtschaft auf den Krieg vor. Zahlreiche Kommissionen wurden gebildet, die das alltägliche Leben dem neuen Zustand anpaßten. Dekrete über Dekrete wurden erlassen und organisierten die Industrie so um, daß sie optimal auf den Krieg eingerichtet war. Viele Artikel durften aus Ersparnisgründen nicht mehr produziert werden. So wurden während des Krieges z. B. keine Füllfederhalter, Taschen-

radios und Schreibmaschinen für den privaten Gebrauch mehr gefertigt. Und auch die Konsumenten wurden durch eine ganz neue Werbung der Industrie zum Sparen animiert. Ich erinnere mich noch ganz genau an eine Werbung von General Motors, die nach den von General Motors finanzierten NBC-Konzerten lief. Jeden Sonntag nachmittag, wenn Millionen von Amerikanern an den Radios saßen, um die unter der Direktion von Arturo Toscanini laufenden Konzerte zu hören, erklang sinngemäß folgender Werbespot: »General Motors ist da, um immer mehr und mehr Produkte für immer mehr und mehr Menschen zu erzeugen. Aber heute ist Krieg unser Geschäft, und wir fordern den Amerikaner auf zu sparen.« So forderte die Industrie mit ihrer Werbung das Publikum auf, die eigenen Produkte nicht zu kaufen. Eine im Grunde unvorstellbare Sache. Dieser Zusammenhalt von Staat und Industrie in Notsituationen macht einen Teil Amerikas Stärke aus. Und er existiert noch immer. Wenn z. B. eine kleine amerikanische Bank in finanziellen Schwierigkeiten steckt, dann fordert die zuständige Kommission sehr häufig eine der großen Banken wie J. P. Morgan oder Chase Manhattan auf, die notleidende Bank zu übernehmen, und das Thema ist erledigt.

Die lustigste Maßnahme während des Zweiten Weltkrieges, über die sich die Europäer besonders amüsierten, kam aus der Textilindustrie. Die zuständige Kommission hatte angeordnet, daß zweireihige Herrenanzüge keine Westen mehr haben dürften, Einreiher hingegen schon. Die Aufschläge an den Herrenhosen wurden abgeschafft. Aber damit nicht genug. Die Herrenhose hatte noch weitere Restriktionen hinzunehmen. Die Bundfalte mußte genauso verschwinden. Ich hatte damals glücklicherweise einen sehr geschickten Schneider, der die Falte so gut zu verstecken wußte, daß sie nicht zu sehen war, nach dem Krieg jedoch hervorgeholt werden konnte.

Wir Europäer, von denen es in New York während des Zweiten Weltkrieges genügend gab, trafen uns in den Kaffeehäusern und diskutierten diese ganzen neuen Bestimmungen. Wir wußten nicht, ob wir uns amüsieren oder weinen sollten. Der Sinn dieser Maßnahmen wollte uns nicht einleuchten. Der Verzicht auf die Bundfalte sollte Hitlers Wehrmacht zerstören? Uns fehlte damals der Weitblick, den ich heute für um so wichtiger halte und bei den Volkswirten und Politikern vermisse. Ein Jahr später nämlich baute die amerikanische Industrie Tausende von Flugzeugen, Kriegsschiffen, Panzern pro Tag und experimentierte, wie wir heute wissen, an der Atombombe herum.

... im Gegensatz zu Deutschland, wo ja im Zweiten Weltkrieg eine wirkliche totale Mobilmachung nie stattgefunden hat und es solche Regularien nicht gab. Die Nazis, die immer total sein wollten, haben den Krieg ja nicht total organisiert. Aber zurück zu Ihrer Jugendzeit. Als Sie von Budapest nach Paris gingen, hatten Sie schon Deutsch gelernt durch Ihre deutsche Gouvernante und Lehrerin?

Ja, Deutsch sprach ich bereits ganz gut.

Und konnten Sie auch schon Französisch und Englisch sprechen?

Auch die beiden Sprachen hatte ich einigermaßen von Fräulein Sophie gelernt. Ich nahm vor meiner Fahrt nach Frankreich aber noch einige Stunden Französisch. Mein Englisch war sehr dürftig, ich lernte es perfekt, als ich nach Amerika emigrierte. Ich hörte den ganzen Tag lang Radio, was mir sehr half.

Wie sind Sie denn nun in Paris angekommen? In welchem Jahr war es?

Das war 1924. Ich kam mit dem Zug via Basel. Neugier, aber auch Angst begleiteten mich. Meine Lehrerin Sophie Reuss hatte auf die Franzosen wahnsinnig geschimpft. »Diese Saufranzosen, dieses Pack von Schweinen . . .« etc.

Das war nicht ohne Wirkung auf mich geblieben. Ich war ja noch ein Kind. Auch auf meiner dreimonatigen Maturareise, die mich von Stettin bis Säckingen durch ganz Deutschland führte, erlebte ich den Franzosenhaß, der in Deutschland herrschte. Überall an den Eingängen der Museen, wie z. B. der Pinakothek und dem Technischen Museum in München, stand eine Tafel mit der Aufschrift: Franzosen und Belgier – Eintritt verboten. Als der Zug dann in Basel an die Grenze kam und die französischen Zöllner zustiegen, dachte ich, was wird jetzt passieren? Die werden mich auffressen. Und dann sah ich, daß es ganz normale Menschen waren, sie hatten Nase, Mund und Ohren wie ich. Zudem wirkten sie ausgesprochen freundlich. Ich war beruhigt. Nachdem ich in Paris ausgestiegen war, konnte ich auch nichts Unangenehmes an den Franzosen feststellen. Ich spürte dafür aber eine antideutsche Stimmung, wie ich sie in Deutschland umgekehrt erlebt hatte. Auch die Franzosen sprachen das Wort »deutsch« nicht aus. Sie nannten die Deutschen nur »les boches«. Einmal saß ich mit Landsleuten aus Österreich und der Tschechoslowakei im Café zusammen. Wir sprachen Deutsch. Plötzlich kam ein Franzose an unseren Tisch und schrie wütend: »Raus, hier wird nicht ›boche‹ gesprochen!«

So war die damalige Stimmung. Wenn man heute über die Aussöhnung zweier verfeindeter Völker diskutiert, denke ich immer an diesen gegenseitigen Haß, den die Deutschen und Franzosen damals füreinander empfanden. Und heute? Heute heißt ein Platz im schönsten Viertel von Paris unweit meiner Wohnung Konrad-Adenauer-Platz. Aus der 400 Jahre dauernden Feindschaft wurde innerhalb weniger Jahre eine Freundschaft. Ich sehe den Wagen mit Adenauer und de Gaulle noch heute die Champs-Élysées herauffahren. Nur wer den Haß damals erlebt hat, kann einschätzen, was für eine große Sache diese Einigung zwischen Deutschen und Franzosen ist.

Weil ich dieses Beispiel kannte, war ich auch so optimistisch für die Entspannung zwischen Ost und West. So wie es der israelische Ministerpräsident David Ben Gurion sagte: »Wer nicht an Wunder glaubt, ist kein Realist.«

Das war die Zeit der hohen Inflation in Europa. Die hat Sie aber nicht besonders beschäftigt?

Aber ja, die Inflation beschäftigte jeden. Auf besagter Maturareise erlebte ich sie in Deutschland in schlimmster Art. Man konnte bei der Geldentwertung zusehen. Eine Hose, für die morgens 10 000 Mark verlangt wurde, kostete abends 50 000 Mark. Mein Vater war sehr vorsichtig und hatte mir für die Reise 500 Dollar in Ein-Dollar-Noten gegeben. Ich hatte strikte Anweisung, nur einen Dollar pro Tag zu tauschen. Man konnte ja nicht wissen, wie weit der Dollar am nächsten Tag stieg. Die Zinsen betrugen zwanzig Prozent pro Woche. Ein amüsanter Witz von damals war: Die Leute fahren nicht mehr Straßenbahn, sondern nur noch Taxi, weil man erst am Ende und nicht wie in der Straßenbahn am Anfang der Fahrt bezahlt. Das war die traurige Situation. Ich weiß nicht, wieviel hundert Druckereien arbeiten mußten, um ständig neue Reichsmark zu drucken.

Die Erfahrung der großen Inflation in Deutschland hat in den Seelen der Deutschen anhaltende Spuren hinterlassen. Seither besteht eine permanente Inflationsangst, die die deutsche Politik bestimmt. Sie scheinen von dieser Angst aber nicht befallen zu sein, denn ich erinnere mich sehr gut, Herr Kostolany, daß Sie oft in Capital gegen diese Inflationsangst angeschrieben und Sie die Bundesbank wegen ihrer Fixierung auf die Stabilität der Mark angegriffen haben. Wie kommen Sie darauf, daß Inflation nicht das allergrößte Übel ist?

So wie ich sie damals in Deutschland erlebt habe, ist sie sogar sehr übel. Diejenigen, die mit dem Hinweis auf die beiden großen Inflationen in Deutschland für eine restriktive Geldpolitik votieren, scheinen aber zu vergessen, daß sie nach zwei verlorenen Kriegen stattgefunden haben, wo die Güter zerstört waren, das Geld aber noch da war. Und auch die Inflation in den siebziger Jahren war ausgelöst durch einen externen Impuls, nämlich die beiden Ölpreisschocks. Bisher hat es noch keine verheerende Inflation allein aufgrund einer zu lockeren Geldpolitik gegeben. Wie Sie wissen, kritisiere ich die Bundesbank seit einigen Jahren sehr scharf

für ihren viel zu restriktiven Kurs. Hunderttausende von Arbeitslosen können sich bei Helmut Schlesinger, dem Ex-Notenbankpräsidenten, bedanken. Als er in den Ruhestand ging, zitierte ich aus Richard Strauss' *Rosenkavalier* (Text: Hugo von Hofmannsthal): »Da geht er hin, der aufgeblasene schlechte Kerl.« Leider führt der heutige Bundesbankpräsident mit seinem Chefvolkswirt Ottmar Issing die gleiche falsche Politik fort. Und Helmut Kohl und Theo Waigel sind nur Yes-men des Herrn Issing. Wenn die Inflation irgendwann bei Null ist, werden sie sagen können: »Die Operation ist gelungen, aber der Patient ist tot.«
Denn wir brauchen eine sanfte Inflation. Die Welt ist total verschuldet. Das wissen wir. Man stellt auch mir oft die Frage: Was geschieht mit den Schulden? »Gar nichts«, sage ich. Die Schulden werden durch die schleichende Inflation langsam entwertet.

Aber das heißt mit anderen Worten, die Schulden werden von denen bezahlt, die sie nicht gemacht haben.

Das stimmt. Aber diejenigen, die die Schulden gemacht haben, hinterlassen den nachkommenden Generationen ja auch etwas. Die ganzen Entwicklungen, die Technologie, die Infrastruktur und das Wissen erben die späteren Generationen schließlich auch. Dann können sie auch ein paar Prozent Inflation verkraften. Außerdem ist eine kleine Geldentwertung Stimulation für die Wirtschaft. Genauso wie ein Glas Wein oder zwei bis drei Zigaretten am Tag stimulierend wirken. Man darf nur kein Kettenraucher oder Alkoholiker werden. Mein Arzt hat mir sogar befohlen, täglich zwei Gläser Rotwein zu trinken.

Diese Idee der Null-Inflation ist ein Mumpitz, und das zweite deutsche Wirtschaftswunder wird so lange auf sich warten lassen, bis man von diesem Stabilitätsfetisch abweicht.

In Frankreich war es einst genauso. Die Währungen floateten nicht frei, sondern waren an den Goldpreis gekettet. Jede Notenbank mußte für ihre Geldmenge entsprechende Golddeckung haben. Sie konnte die Geldmenge nur erhöhen, wenn sie Goldreserven anhäufte. Die Folge war ein ständig steigender Goldpreis und permanenter Kampf um die Goldreserven der am Währungssystem teilnehmenden Länder. Fürst Bismarck sagte über den Goldstandard – sprich die Golddeckung der Währung –, er sei wie eine Dekke über zweien, die jeder auf sich zu ziehen versuche. Das ist eine sehr kluge Definition, vor allem oder vielleicht gerade weil Bismarck kein Wirtschaftsexperte war.

Die Franzosen wurden in dieser Zeit zu Goldanbetern. Sie investierten nicht in die Wirtschaft, sondern nur in Gold, Gold, Gold. Die Sparer taten es der Regierung gleich und investierten ihr Anlagekapital in Napoleonmünzen und Goldbarren. Nachdem das Goldstandardsystem endlich aufgegeben wurde, konnte die Wirtschaft florieren. Gold war eine banale Ware geworden, die Leute investierten wieder in Aktien und die Wirtschaft. Seitdem ist in Frankreich Großartiges geschehen. Die französische Intelligenz konnte sich entfalten. Die Franzosen sind ja ein sehr intelligentes Volk, auch die unteren Schichten sind sehr gescheit.

Den Rückstand in der Infrastruktur haben sie in einen deutlichen Vorsprung verwandelt. Der TGV wurde mehr als zehn Jahre vor dem ICE auf die Trasse gestellt und wird heute weltweit verkauft.

Wenn Sie in Paris früher ein Telefon beantragten, dauerte es ein halbes Jahr. Eine Wohnung mit Telefon war das Doppelte wert. Heute bekommen Sie es am selben Tag, während man in München immer noch vierzehn Tage warten muß. Das alles konnte sich nur durch die Lösung vom Goldstandard entwickeln.

Nun hat es bei uns diese Abhängigkeit vom Gold ja nie gegeben. Woran liegt es denn bei uns, daß wir nach Ihrer Einschätzung gegenüber Frankreich zurückgefallen sind?

Weil die Geldpolitik der Bundesbank deflationär ist. Der Goldstandard zwingt ein Land unter Umständen dazu, eine Deflationspolitik zu machen. Ist z. B. die Währung schwach, muß die Notenbank die Zinsen erhöhen und mit den Goldreserven die eigene Währung aufkaufen.
Natürlich kann aber auch eine Notenbank, die nicht durch den Goldstandard oder ein anderes Währungssystem gezwungen ist, eine Deflationspolitik machen. Und genau das macht die Bundesbank. Sie glaubt z. B., es sei gut, wenn die Mark hoch stehe, weil die Einfuhrpreise dann fallen. Für ein per saldo exportorientiertes Land wie Deutschland ist das natürlich totaler Unsinn. Man verliert auf der Ausfuhrseite viel mehr, als man durch billige Einfuhren gewinnt.

Nun ist der junge Herr Kostolany in Paris und tritt sofort in die Firma von Monsieur Alexander ein?

Nein, nicht sofort. Ich hatte zwar Empfehlungen für einige Maklerfirmen, doch ich kam im August an und wollte Paris zu dieser schönen Jahreszeit erst kennenlernen, bevor mein Volontariat begann. Ich erinnere mich noch genau an meinen ersten Tag. Mein Französisch war natürlich noch nicht perfekt. Als ich am Gare de l'Est (Ostbahnhof) ankam, verstand ich so gut wie nichts, denn die Franzosen sprechen viel zu schnell.

Mein Vetter Etienne Pallos, er lebt heute mit fünfundneunzig Jahren in Marbella und spielt den ganzen Tag Schach, wohnte bereits zwei Jahre in Paris. Er hatte meinem Vater das Versprechen gegeben, er werde sich um mich kümmern, wenn ich nach Paris komme. Er erklärte mir kurz, wo ich hinmußte, um ein Hotel zu finden. Es war das Quartier Latin. Auf dem Weg lernte ich in der Straßenbahn zufällig einen ungarischen Maler kennen. Er war auch den ersten Tag in Paris und suchte wie ich ein Hotel. Da er aber sehr wenig Geld hatte, mußte er auf eine billige Absteige zurückgreifen. Ich hatte von meinem Vater genügend Geld, mir ein ordentliches Zimmer zu nehmen. Es war das Hotel du Brésil, das heute noch

in der Rue le Goff existiert und eine wunderschöne Außenfassade mit Mansardenfenstern hat. Den Ausschlag für meine Wahl gab eine vor dem Hotel aufgestellte Tafel, die Kunde gab, daß Sigmund Freud hier schon gewohnt hatte. Später erfuhr ich dann von der Besitzerin, daß außerdem Orlando Asertis, ein berühmter ungarischer Schriftsteller, der einen spanischen Namen angenommen hatte, ebenfalls mehrere Jahre dort verbracht hatte. So war mir meine Bleibe noch sympathischer. Mein Zimmer kostete 200 Franc im Monat. Das waren damals rund fünfzehn Dollar. Wobei man hierzu sagen muß, daß der Dollar von damals heute schätzungsweise dreißig Dollar wert ist. Aber da will ich mich nicht genau festlegen.
Der Grundlohn einer einfachen Arbeitskraft betrug zu dieser Zeit so rund 1000 Franc im Monat. Diesen Betrag bekam ich auch von meinem Vater, und mein Bruder Béla gab mir noch 500 Franc zusätzlich. Nachdem ich mich vormittags eingerichtet hatte, speiste ich mittags bei »Juilliene«, was nur einige Schritte entfernt war. Das Essen kostete dreieinhalb Franc, Brot und Rotwein gab es unbegrenzt dazu. Und als ich auf der Terrasse sitze, es war der 30. August, sehe ich einen sehr eleganten, kleineren, gutaussehenden Herrn vorbeigehen. Plötzlich bleibt er stehen, fixiert mich und fragt: »Bist du der Sohn vom

Lajos (der Vorname meines Vaters)?« Es war ein alter Freund meines Vaters, der bereits länger in Paris lebte.
Er hatte mich an der Ähnlichkeit erkannt, denn ich bin meinem Vater wie aus dem Gesicht geschnitten. Wenn ich heute in den Spiegel sehe, erkenne ich ihn wieder. In dem alten Freund meines Vaters, Charles Szerb, hatte ich gleich am ersten Tag einen Freund gefunden. Wir blieben dann die ganzen Jahre hindurch in Kontakt bis zu seinem Tod. Als ich zu Ende gespeist hatte, fuhr ich mit der Metro ins Zentrum von Paris. Ich stieg bei der Oper aus, denn dahinter war das große, weltberühmte Warenhaus Galeries Lafayette. Dort war Sommerschlußverkauf auf der Straße. Das rege Treiben an den Warentischen war beeindruckend für jemanden, der aus dem armen Budapest kam. Dabei schlief Paris eigentlich noch, denn auf der Avenue Bois de Boulogne (heute Avenue Foch), der vornehmsten Avenue von Paris, wo bis heute kein einziges Geschäft oder Café steht, sondern nur die großen Wohnhäuser, waren noch alle Jalousien heruntergelassen. Es war Ferienzeit, und das Großbürgertum, das hier wohnte, war verreist. Bald wurde diese schönste Avenue der Welt, in der ich später selbst gewohnt habe, mein allsonntäglicher Spazierweg. Als ich am Abend meines ersten Tages wieder im Hotel war, wußte ich, hier beginnt ein

neuer Lebensabschnitt. Ich war achtzehn Jahre alt und willens, Paris und die Welt kennenzulernen.
Die nächsten Tage und ersten Wochen bin ich dann quer durch Paris spaziert. Das Leben war mit dem in Budapest nicht zu vergleichen. Paris, das bedeutete eine Welt von Luxus, Vergnügen und Festlichkeit, die ich kennenlernen wollte. Das Schauspiel war faszinierend.
Die eleganten Damen ließen sich nach Longchamps und Auteuil begleiten, um beim Rennen die Kleider zu zeigen, die Poiret für sie entworfen hatte. Auf seiner Yacht auf der Seine empfing der berühmte Schneider als Grandseigneur seine Freunde aus der besten Gesellschaft und spielte ihnen, wenn schon der Morgen dämmerte, die neuesten Melodien aus New Orleans vor. Auf den Champs-Élysées gab es noch kein Kino, aber man stand auf den Boulevards Schlange, um durch Filme von Charlie Chaplin und Douglas Fairbanks Amerika in *Goldrausch* und den Orient in *Dieb von Bagdad* zu erleben. Die Champs-Élysées waren damals ausgesprochen vornehm, und es gab dort lediglich Haute-Couture-Läden, Autohäuser und nur zwei Cafés, das Café Fouquets und ein kleines, in dem ich noch heute Stammgast bin, das Café Select, Treffpunkt der amerikanischen Intelligenzia, die in Paris lebt.

In den damaligen Romanen machten sich die feinen Leute mit der Sprache des Volkes vertraut, und so gewappnet konnte man sich in den Bars von Pigalle unter das Volk mischen. An den anderen Abenden wiederum ging man, nachdem man mit dem größten Star der Welt, dem unvergessenen Maurice Chevalier, das neueste Couplet *Valentine* mitgesummt hatte, bei Maxim's soupieren. Oder die Herren blieben im Café Weber unter sich, um sich über das neueste Automodell oder die Beine der Mistinguette, des größten Musical-Stars dieser Zeit, Entdeckerin und große Liebe von Chevalier, zu unterhalten.

Als Zaungast bewunderte ich dieses Treiben und mischte mich am Montparnasse unter die Leute. Einsam war ich zu keiner Zeit, denn die Ungarn finden sich überall auf der Welt, und so hatte ich schnell Freunde. An den ersten Tagen war ich schon im Café le Dôme und im Café de la Rotunde. Dort traf ich eine russische Clique. Durch einen dieser Russen lernte ich später den Mörder von Rasputin kennen – den Prinzen Jussupow.
Außerdem hatte ich häufig Besuch aus Budapest, meistens Freunde meines Vaters. Paris übte damals wie heute eine große Anziehungskraft auf die Menschen aus. Einer meiner häufigen Besucher war Sammy Boros, ein unvergeßlicher Freund meines Vaters, den ich nie vergessen wer-

de. Sammy schaute nicht sehr gut aus. Mich erinnerte er immer an Quasimodo. Seiner Karriere hatte es aber nicht geschadet, denn die siebzehn Jahre vor Ausbruch des Ersten Weltkriegs war er der Geheimvertreter der ungarischen Regierung in Paris. Ungarn selbst war damals nur durch den Botschafter der k. u. k. Monarchie vertreten und hatte nur einen Geheimvertreter, besagten Sammy Boros. Nach dem Krieg war er der Vertrauensmann der ungarischen Aristokraten, die den Exkönig Karl von Habsburg (Vater des heutigen Europaabgeordneten Otto von Habsburg) wieder auf den Thron heben wollten. Sammy war quasi der Kurier zwischen Ungarn und Madeira, wohin der abgesetzte König Karl von Habsburg verbannt war. Auf der Durchreise nach Paris besuchte er mich dann. Es waren immer amüsante Abende, da er wunderbar protzen konnte. Wenn wir über berühmte Schönheiten sprachen, flüsterte mir dieser kleine Gnom zu: »Sie war meine Geliebte.« Einige der Geschichten stimmten sogar, denn er war bereits vor dem Krieg Ritter der französischen Ehrenlegion, was er nicht geworden wäre, hätte er nicht einen wirklich intimen Kontakt zu einer französischen Berühmtheit gehabt.

Ich wurde nach und nach zum Montparnassien. Jeden Abend war ich am Montparnasse. Zunächst im Café le Dôme und später dann im

Jockey-Club. Der Jockey-Club war ein Nachtlokal, wo ein kleiner schwarzer Klavierspieler, ein Kontrabassist und ein Gitarrist aus Kuba spielten. Und gesungen hat die berühmte Kiki. Ihre Lieder waren nicht ganz stubenrein, was gerade den Erfolg ausmachte. Sie war, obwohl sie nicht schön war, die beliebteste Sängerin vom Montparnasse. Im Jockey-Club war ich später fast jede Nacht. Und wenn ich dort nicht war, dann war ich bei Josephine Baker, die in Paris ein Lokal besaß, wo sie zu späterer Stunde mit einigen ihrer Gäste tanzte. Ich gehörte auch einige Male zum Kreis der Auserwählten. Ich tanzte überhaupt sehr gern, wie meine Geschwister auch. Meine Schwester Lilly und mein Bruder Béla waren in Budapest ein berühmtes Tanzpaar.

Mit Frauen hatte ich in Budapest noch keine nähere Bekanntschaft gemacht. Nicht daß sie mir nicht gefallen hätten, aber es hatte sich einfach nichts ergeben. Im weltoffenen Paris aber verlor ich schon bald meine Unschuld. Es war eine Krankenschwester, die ich kennengelernt hatte. Sie war älter und nicht so unerfahren wie ich. Wir hatten nur eine kurze, aber wunderschöne Liaison. Als wir uns bereits viele Jahre aus den Augen verloren hatten, fiel mir noch mal ein Brief von ihr in die Hand. Mein Herz klopfte, und ich bekam Sehnsucht, sie einmal wiederzusehen, und ich suchte das Krankenhaus auf, in dem sie gearbeitet hatte. Man fragte mich dort, wie ich zu ihr stehe, ob ich ein Verwandter sei. Ich sagte: »Nein, ein guter alter Bekannter.« – »So, das tut mir leid, Juliette Lescameure« – so hieß sie – »ist gestorben«, sagte die Dame am Empfang des Krankenhauses.

Das war die Geschichte meiner ersten Liebe. Danach folgten einige andere, an die ich mich im einzelnen nicht erinnern kann, nicht weil es so viele waren, sondern weil es immerhin schon über siebzig Jahre her ist. Nur an Antoinette Robert erinnere ich mich noch. Sie emigrierte später nach Ungarn, ich weiß nicht mehr, warum. Jedenfalls war sie nach ihrer Emigration irgendwann in Budapest in einem Nachtlokal. Es forderte sie ein Mann auf, und während die beiden tanzen, fragte Antoinette ihren Tanzpartner: »Haben Sie einen Bruder in Paris? Sie schauen jemandem sehr ähnlich, den ich kenne.« – »Ja, er heißt André«, sagte ihr Tanzpartner. Am nächsten Tag fragte mich mein Bruder Béla, ob ich eine Antoinette kenne. So klein ist die Welt. Béla und ich sind häufig auf unsere Ähnlichkeit angesprochen worden, da wir uns sehr ähnlich sahen, mit dem Unterschied, daß er ein sehr gutaussehender sportlicher Mann und ich ein kleiner unscheinbarer Junge war.

Zwei Monate nachdem ich Paris erkundet hatte,

meldete ich mich bei Monsieur Alexander, dem ich schließlich zu verdanken hatte, daß ich in Paris war. Er zeigte mir meinen Platz und sagte: »Hier wirst du alles über die Börse lernen.« Alexander war ein großer Macher auf der Zuckerbörse. Er war der perfekte Makler, ich habe nie gesehen, daß er einmal Geschäfte auf eigene Rechnung im Zucker gemacht hätte. Sein Geschäft waren ausschließlich die Provisionen. Meine ersten Aufgaben waren natürlich – wie für jeden Anfänger üblich – Handlangerarbeiten. Doch mich hat das Geschäft so interessiert, daß ich oft über die Mittagspause im Büro blieb, um die Transaktionsbücher zu studieren. Da konnte ich sehen, welches Volumen Alexander manchmal bewegte. Denn wenn man die Büroräume und die kleine Anzahl von fünf Angestellten sah, wirkte die Firma nicht besonders groß. Doch sie genügte, um Alexander zu einem der gewichtigsten Einzelinvestoren der Pariser Aktienbörse zu machen. Er war der größte Aktionär von zwei Banken, der Crédit Francier (fünfzig Prozent Staatsbank) und der Banque Transatlantique. Sein damaliges Vermögen betrug vier bis fünf Millionen Dollar, was heute über einhundert Millionen wären.

Mein Lohn war meiner Tätigkeit angepaßt. Ich bekam 200 Franc im Monat, wovon ich gerade

meine Miete bezahlen konnte. Doch die Erfahrungen, die ich sammelte, waren ein Vielfaches davon wert. Vor allem lernte ich, wie man Kunden akquiriert. Alexander und sein Bruder waren die perfekten Reißer mit allen Tricks und Schlichen. Die Kollegen im Büro gaben mir viele nützliche Tips auch für die Stunden nach der Arbeit. Ich hatte am Anfang eine unkluge Angewohnheit. Wenn ich Leute begrüßte, schlug ich die Hacken zusammen, eine Höflichkeitsgeste, die in Ungarn beliebt, in Frankreich dafür um so weniger gerne gesehen wurde. Der Buchhalter machte mich darauf aufmerksam und sagte: »Das macht man nicht, das ist boche« – saudeutsch. Denn wie schon gesagt: Nicht nur die Deutschen haben die Franzosen verachtet, es war auch umkehrt so.
Kurzum, ich führte durch meinen Umzug nach Paris ein völlig neues Leben, nicht nur beruflich, sondern auch privat. Das große Leben in Paris begann mich jedoch schnell zu frustrieren, da ich nicht daran teilhaben konnte. Es fehlte der Schlüssel: Geld. Was ich verdiente und von meinem Vater und meinem Bruder bekam, reichte zwar für die nötigen Dinge, aber eben nicht für die unnötigen, die bekanntlich das größte Vergnügen bereiten. Ich drückte mir quasi wie ein Kind an der Schaufensterscheibe einer Konditorei die Nase platt, doch kaufen konnte ich

mir nichts. Mir kam die Erinnerung an ein altes österreichisches Sprichwort: Wer Geld hat, ißt Schnepfendreck (österreichische Feinschmeckerei), wer keins hat, läßt die Schnepfen weg. Ich wußte, es gab nur eine Möglichkeit, schnell zu Geld zu kommen: Börsenspekulation. Nicht umsonst sage ich immer: Wer viel Geld hat, der kann spekulieren, wer wenig Geld hat, darf nicht spekulieren, und wer gar kein Geld hat, der muß spekulieren. Ich zählte mit meinen Beträgen zu letzterer Gruppe. Die ersten Aktien, die ich erwarb, waren solche von Laurium, eine Eisenfirma. Mein Geld reichte gerade für zwei Stücke. Dann kaufte ich fünfundzwanzig Moçambique auf Termin, die Aktien einer englischen Gesellschaft in der portugiesischen Kolonie.
In Waren, wo ich durch meinen Job den besten Einblick hatte, durfte ich eben aufgrund dessen nicht spekulieren. Ich tat es aber trotzdem über einen Strohmann. Die Ergebnisse waren aber nicht herausragend. Mein Verlangen nach Geld wurde nicht gestillt.

Und wann sind Sie zur Börse gekommen?

Nachdem ich 1927 mein Volontariat bei Monsieur Alexander abgeschlossen hatte, war ich zur Wertpapierfirma Amerongen et Compagnie gegangen. An meinen ersten Tag an der Wertpapierbörse erinnere ich mich noch genau. Ein Mann sprach mich an und sagte zu mir: »Junger Mann, wer sind Sie, ich habe Sie hier noch nie gesehen?« – »Ich bin André Kostolany und arbeite für Amerongen et Compagnie.« – »Gut«, erwiderte er, »Ihr Chef ist ein guter Freund von mir, und deshalb werde ich Ihnen erklären, worauf es hier ankommt. Alles hängt nur von einer Sache ab: ob es mehr Dummköpfe als Papiere oder mehr Papiere als Dummköpfe gibt.« Es blieb die beste Definition, die ich je gehört habe.

Ich begann an der Effektenbörse sofort als Remisier (Makler). Ich mußte mir meine eigenen Kunden akquirieren und die Aufträge über Amerongen et Compagnie abwickeln. Für ausgeführte Aufträge meiner Kunden erhielt ich dann Provisionen. Genau so, wie es die Broker in der ganzen Welt heute noch tun. Nur in Deutschland ist es noch anders. Die Wertpapierberater in den deutschen Banken und Sparkassen bekommen Festgehälter. Es hat den Vorteil, daß sie nicht wie ihre amerikanischen Kollegen ständig Umsatz machen müssen. Andererseits brauchen sie sich bei der Beratung natürlich auch nicht besonders anzustrengen, da sie ihr Geld sowieso bekommen. Doch das deutsche System beginnt sich langsam zu wandeln. Manche Anlageberater in Tochtergesellschaften der Banken werden bereits umsatzorientiert bezahlt. In den Vorstandsetagen der Großbanken hat man längst begriffen, daß mit Provisionen auch eine Menge zu verdienen ist. Und so wird es den deutschen Kunden wohl bald genauso ergehen wie dem amerikanischen, der einst seinen Broker anrief und fragte: »Herr Broker, was soll ich tun?« Die Antwort kommt wie aus der Pistole geschossen: »Ganz klar, kaufen Sie Gold, kaufen Sie!« – »Ich weiß nicht«, sagt der Kunde, »ich dachte eigentlich daran, mein Termingold zu verkaufen.« – »Verkaufen?« fragt der Broker. »Na, verkaufen ist auch nicht schlecht.« Der Broker liebt ja den Zocker, würde ihm aber nie seine Tochter zur Frau geben.

Ich versuchte, als Makler immer den goldenen Mittelweg zu finden, bei dem die Kunden gewannen und ich trotzdem genügend Provisionen verdiente. So blieben sie meine Kunden und brachten neue dazu. Ich hatte sogar solche, die nur Prestigekunden waren. Sie machten so wenig Transaktionen, daß nichts an ihnen zu verdienen war. Doch ihre Namen auf der Kundenliste waren ein gutes Aushängeschild. Und dann hatte ich natürlich die Provisionskunden, die viel Geschäft machten und von denen ich lebte. Die Akquisition fiel mir nicht schwer, schließlich hatte ich mit Monsieur Alexander einem absoluten Meister der Kundenwerbung über die Schulter schauen dürfen.

Ich wechselte dann relativ schnell zu Ferdinand Lippmann et Co. Hier arbeitete bereits mein alter Budapester Jugendfreund Hans Kanitz. Er war etwas später nach Paris gekommen. Wir nahmen uns zusammen eine Wohnung. Ich kannte ihn bereits aus der Kinderzeit in Budapest. Wir gingen zwar nicht auf dieselbe Schule, weil er evangelisch war, lernten uns aber auf einer Ferienreise am Semmering kennen. Er wurde schnell mein bester Freund. Hans kam aus einer guten Familie. Sein Vater sowohl als auch sein Großvater waren mit meinem Vater befreundet. Hans' Vater war Sozius bei einer großen Bank und außerdem ein wunderbarer Pianist. Speziell an seinen Großvater erinnere ich mich noch besonders gut. Wenn er anrief, meldete er sich nicht nur mit seinem Namen Moritz Weiß, sondern nur als Schiffer-Weiß, Moritz. Er hatte sein Vermögen mit Donauschiffen gemacht, warum man ihn nur Schiffer-Weiß nannte. Hans' Mutter war eine berühmte Schönheit. Leider hielt die Ehe nicht, und sie heiratete später einen großen österreichischen Industriellen. Als mit dem Alter ihre Schönheit irgendwann verging, brachte sie sich um. Hans' Schwester Kitti, die heute in Wien lebt, ist für mich noch immer eine gute Freundin.

Ich muß noch sehr oft an Hans denken. Er war ein feiner Kerl und so integer, daß er manchmal sogar etwas naiv wirkte. Betrügereien und Provisionswucher, im Börsengeschäft seit eh und je an der Tagesordnung, lagen so weit außerhalb seiner Vorstellungskraft, daß er nicht verstehen konnte, wie und warum sie passierten. Hans war aber ein hervorragender Pokerspieler. Er brachte es mir bei. Wir spielten damals in Paris ab und zu, nicht um große Beträge, aber mit um so mehr Freude. Hans war der perfekte Pokerspieler. Er war immer ruhig und ohne Emotionen. Niemals hätte er jemandem Vorwürfe gemacht oder die Nerven verloren. Auch Bridge spielte er ganz phantastisch. Das Verhalten eines Menschen am Spieltisch verrät viel über seinen Charakter. Und mein Freund Hans Kanitz war der vornehmste Spieler, den ich je gesehen habe. Im Kartenspiel war er immer besser als ich, da mein Spielfeld mehr und mehr die Börse wurde.

Leider wurde Hans später sehr krank. Da er wie ich jüdischer Herkunft war, mußte er vor den Nazis flüchten. Zwar waren wir beide mittlerweile Christen – er Protestant und ich Katholik –, doch für Hitler immer noch Juden.

Unglücklicherweise ging er nicht nach Amerika, sondern ins damals noch neutrale Budapest zurück. Nachdem die Deutschen Ungarn besetzt hatten, kam er sechs Monate ins Konzentrationslager Mauthausen.

Als ich nach Kriegsende aus Amerika wieder nach Paris zurückkam, nahm ich sofort Kontakt

zu ihm auf. Er befand sich im schweizerischen Montana, um sich zu kurieren. Bereits vor dem Krieg hatte er Tuberkulose und einen Lungenflügel entfernt bekommen. Durch den Aufenthalt im Konzentrationslager war sein Gesundheitszustand daher natürlich sehr angegriffen. Dank meiner Börsenspekulationen, an die er sich heranhängte, konnte er sich dort einen langen Aufenthalt leisten, bevor er mit seiner hübschen Frau nach Paris zurückkam. Hans war dann mein Assistent im Arbitragegeschäft, das ich nach dem Krieg im großen Stil betrieb. Ich habe ihn seitdem immer unterstützt. Leider verstarb er kürzlich in Nizza, wo er mit seiner zweiten Frau die letzten Jahre gelebt hat. Wie fast alle meine Jugendfreunde ist er nun auch tot. Und diejenigen, zu denen ich zuletzt noch Kontakt hatte, traue ich mich kaum anzurufen, weil ich Angst habe zu erfahren, daß sie auch nicht mehr da sind.
Die Zeit in Paris mit Hans war wunderbar für uns beide. Durch den anderen war die Heimat Budapest immer allgegenwärtig.
Doch zurück an den Anfang. Wie gesagt war Hans bereits bei Ferdinand Lippmann tätig, wohin ich wechselte. Ich hatte einen guten Start, aber natürlich noch kein riesiges Einkommen, da ich mir erst einen Kundenstamm aufbauen mußte.
Das luxuriöse Leben in Paris frustrierte mich immer mehr. Hatte es mich zuerst befriedigt, ihm

nur zuzusehen, wollte ich jetzt unbedingt dabeisein. Doch mir fehlte nach wie vor das Geld. Es erschien mir plötzlich als das Wichtigste meines Lebens, als der Schlüssel zum Glück. Ich erhob das Geld auf ein Postament und dachte ununterbrochen daran.

Zunächst war es ein Mittel, um ein Ziel zu erreichen, dann wurde es selbst zum Ziel und ließ mich alles andere unterschätzen. Meine Ethik, mein eigenes Wertesystem hatte sich völlig gewandelt. Nichts interessierte mich mehr, nur das Geld. Ich war damals einfach nicht fähig, eine, wenn ich so sagen darf, unentgeltliche Freude zu genießen. Ich träumte von einem Kassenschrank voller Banknoten, von Geldsäkken, die ich betrachten, befühlen, hin und her schaffen konnte wie Volpone seine Schätze.

Diese Einstellung zum Geld führte automatisch zu einer gewissen Trägheit. Wozu ein Luxusauto kaufen, wenn man es – wann immer man will – haben kann, vorausgesetzt, man hat das nötige Geld in der Tasche. Hat aber jemand das Scheckbuch, dann spürt er bereits alle anderen Genüsse des Lebens, als ob er sie schon besäße. Auf der einen Seite stieg die Bewertung des Geldes. Im gleichen Maße aber entwertete man auf der anderen Seite alles einschließlich der sogenannten realen Werte, das heißt »all that money can buy«, alles, was man mit Geld erwerben kann.

Die Pariser Börse befand sich in einer ungeheuren Haussestimmung. Alle, Kunden und Makler, erzählten nur von ihren Gewinnen.
Jeder behauptete, die beste Information zu haben, prahlte, er gewinne bei jedem Börsencoup, seine Kunden seien immer richtig beraten, er kenne den unfehlbaren Tip und so weiter. Man hätte glauben können, es gebe hier nur Genies und Propheten. Alle berichteten selbstgefällig von ihren Erfahrungen oder Erfolgen, und jeder zweite Satz begann mit den Worten: »Ich hatte es dir doch gesagt.«
Heute ist es noch ganz genauso. Wenn ein Neuling an die Börse kommt, wird er von dieser Atmosphäre völlig betäubt. Man spricht nicht über Kunst, Politik oder meinetwegen über Frauen, wie es sonst unter Freunden üblich ist. Die Gespräche drehen sich ausschließlich um Geld, wieviel man hätte gewinnen können oder sollen, wenn man zur richtigen Zeit gekauft oder verkauft hätte. Man schätzt die Menschen ausschließlich nach dem ein, was sie besitzen und in welchem Maße sie für den einen oder anderen Makler als Kunde von Interesse sein können. Glücklicherweise – oder leider – habe ich mich an diese Atmosphäre langsam gewöhnt.
Ich hatte noch keinerlei Erfahrung auf diesem Gebiet, doch der einfache gesunde Menschenverstand sagte mir, daß dies alles nur Bluff sein kön-

ne. Die Logik, die Erklärungen, die Überlegungen und die Argumente, auf denen die Wunderspekulationen beruhten, erschienen mir primitiv, kindisch und total falsch.
Meine Einstellung zum Geld führte zu einer typischen deflationistischen Wirtschaftstheorie. Ich steigerte diese abscheulich perverse Einstellung ins Absurde und gelangte zu einer globalen Mißachtung aller Werte, die sich nicht durch Bargeld ausdrücken lassen. Werte in Bargeld ausdrücken bedeutet für alles einen Preis festsetzen. Da ich im Geist den Wert des Geldes überschätzte, fand ich den Preis jeder Ware – auch Aktien – zu hoch. Diese Ansicht ließ nur eine Möglichkeit zu: Wenn alle Leute auf Hausse spekulieren, muß ich justament das Gegenteil machen und auf die Baisse setzen. Zu meiner Geringschätzung der reellen Werte kam auch noch eine Geringschätzung der Leute, die ich an der Börse traf. Mein Entschluß stand fest. Ich werde mit der Baisse gewinnen und mir überdies die – boshafte – Genugtuung verschaffen, alle diese Angeber verlieren zu sehen.
Wenn der Rockefeller verliert, weil seine Werte sinken, und ich bei der gleichen Baisse verdiene, dann verringert sich entsprechend der Abstand zwischen ihm und mir ... Das war meine einfältige, tägliche Überlegung. Ich hatte nur einen einzigen Wunsch: mich auf die Spekulation zu stür-

zen, denn dies war und ist die einzige Methode, schnell an Geld zu kommen, ja sogar Millionär zu werden.

Von meinen Gefühlen geleitet, begann ich ein Sortiment von Aktien auf Termin short zu verkaufen, mit der Absicht, sie später billiger wieder zurückzukaufen.

Zur gleichen Zeit begannen meine Provisionsgeschäfte immer besser zu laufen. Für meine Kunden verkaufte ich auch Aktien auf Termin.

Dann brach am 22. Oktober 1929 im berühmtesten Börsenkrach aller Zeiten die New Yorker Wall Street zusammen. Das Gesetz der kommunizierenden Röhren wirkte, wenn auch nicht so schnell, auch damals schon. Der Dollarstrom, der auch die Aktienbörsen von Europa nach oben getrieben hatte, versiegte plötzlich. Es kam zwar zu keinem Krach wie in New York, doch die Kurse begannen langsam abzubröckeln. Als einer von ganz wenigen lag ich jetzt auf der richtigen Seite. Mein Baisseengagement und das meiner Kunden begannen Früchte zu tragen. Das sprach sich auch unter den Kunden herum, und so wuchs mein Kundenstamm an.

Am Ende meiner Laufbahn in Paris, bevor ich nach Amerika ging, bin ich auf über 600 Kunden gekommen, verteilt auf die Jahre natürlich. Denn 600 Kunden kann man nicht auf einmal betreuen. Einige meiner wichtigsten Kunden waren

Schweizer Banken. Unter ihnen ausgesprochen vornehme Firmen, deren Kundschaft nur deutsche Aristokraten waren, die bereits damals die Schweiz als Finanzplatz schätzten. Ich fuhr häufiger in die Schweiz, um sie hereinzulocken. Ich hatte mir eine gute Strategie aufgebaut. Ich kam nie mit leeren Händen, sondern hatte immer interessante Empfehlungen für die Pariser Börse quasi im Gepäck. Das lockte die Bankiers gleichsam aus der Reserve wie die Privatkunden. Und ich bin mir sicher, die gleiche Strategie ist heute noch die erfolgreichste. Alle Börsenteilnehmer haben ein gemeinsames Interesse: Sie wollen Geld machen. Und die Kunst des guten Maklers ist es, dieses Interesse zu wecken.

Es gelang glücklicherweise sehr oft, so daß mein Provisionseinkommen sich rasch nach oben entwickelte. Ein weiterer, manchmal langweiliger, aber auch oft hochinteressanter Teil meiner Arbeit bestand natürlich auch in der Kundenpflege. Ganz nach dem Motto: Einen Kunden zu bekommen ist nicht schwer, ihn zu behalten aber sehr.

Sehr amüsant waren jedoch immer die Besuche der Schweizer Bankiers. Ihre Verbindung zu mir war für sie der passende Anlaß, ins strahlende Paris zu kommen. Unnötig zu sagen, daß Paris in den Zwanzigern schon viel weltoffener war als der Kantonenstaat. Ich war dann immer ihr

Reiseführer. Die Schweizer Bankiers waren vor allem auf das Nachtleben scharf. Ich kann es heute erzählen, da die handelnden Personen – außer mir – schon lange tot sind. Der erste Prokurist von Eugen von Burren & Co, einer Schweizer Bank mit erstklassigem Ruf, war wie besessen darauf, die berühmten Pariser Bordelle kennenzulernen. Unter den vielen Attraktionen, die das Pariser Nachtleben zu bieten hatte, möchte ich nur drei herausragende erzählen. Die erste war das berühmteste Bordell in der 10, Rue Chabannet. Es war so berühmt, daß man es sogar Touristen für einen kleinen Eintritt gezeigt hat. Denn jedes Liebeszimmer war anders ausgestattet. Ein Zimmer hieß »Train Bleue« wie der berühmte Zug von London nach Nizza. »Train Bleue« weil der Zug lange Zeit parallel zur Côte d'Azur fuhr. Das Zimmer war eingerichtet wie ein Zugabteil, mit einem Fenster, hinter dem das blaue Meer zu sehen war. Das nachgebaute Abteil wackelte sogar naturgetreu. Ein anderes Zimmer war komplett mit Spiegeln ausgestattet, ein weiteres sah aus wie ein Heuboden und so weiter. Heute existiert dieses öffentliche Haus in der Rue Chabannet nicht mehr, da offizielle Bordelle verboten sind. Wie freizügig und deshalb um so beliebter das Paris der zwanziger Jahre war, wird vor diesem Hintergrund vielleicht noch deutlicher. Noch besser gibt die damalige Stimmung

ein Witz aus Budapest, der Witzfabrik Europas, wieder: Der Grün kommt aus Paris nach Budapest zurück. Sein Freund fragt ihn: »Und was hast du gesehen?« – »Den Eiffelturm, Notre Da...« – »Nein, das Nachtleben meine ich natürlich.« – »Ich hab' die zweiunddreißig Positionen gesehen«, sagt der Grün. »Erzähle sie mir!« – »Gut, ich werde sie dir erzählen, aber du mußt es dann zu Hause ausprobieren!« – »Kein Problem«, antwortet Grüns Freund wißbegierig. Dann erklärt Grün die zweiunddreißig Positionen. Einige Tage später trifft er seinen Freund wieder und fragt: »Na, hast du die Positionen probiert?« – »Ja«, sagt sein Freund. »Und wie war es?« fragt Grün. – »Na ja, die Kinder haben gelacht.«
Ich wurde ein häufiger Besucher der Rue Chabannet, jedoch immer nur als unschuldiger Begleiter. Meine Erziehung verbot es mir.
Ich erinnere mich noch genau, wenn man unten klingelte, rief das Mädchen, das die Tür öffnete: »On monte« (Man kommt herauf). Das war dann für die anderen Mädchen die Anweisung, nicht herunterzukommen, damit sich die Kunden nicht begegneten. Man hätte ja einen Bekannten treffen können.
Eine weitere Attraktion war das Bordell in der Rue Marzet 14. Es gab ein Zimmer mit einem kleinen Loch in der Wand, durch das man einen Kunden mit einer Prostituierten beobachten

konnte. Der Chef von Eugen von Burren wollte hier immer hin.
Die letzte Attraktion, von der ich berichten will, war in der Rue 26 St. Martin. Ich war nur einmal dort mit zwei ungarischen Freunden. Das war eine sogenannte Schwarze Messe. Man hatte die Möglichkeit, sich eine Maske geben zu lassen, und konnte sich in das Gemenge stürzen, wo unter den Augen der Zuschauer schlichtweg Gruppensex veranstaltet wurde. Einer meiner beiden ungarischen Freunde gabelte auch eine Frau dort auf. Mich ekelte es eher an, aber ich mußte zur Kenntnis nehmen, daß es Dinge gibt, bei denen meine Mutter in Ohnmacht gefallen wäre, hätte sie davon nur gehört. Auch heute gibt es solche Veranstaltungen natürlich und auch noch exzentrischer, nur eben nicht offiziell, weil es verboten wurde. In meinem Wohnviertel, und es ist eigentlich das beste von Paris, sind viele anonyme Treffs.
Ich schwang mich schnell zum umsatzstärksten Remisier der Pariser Börse auf. Einmal, als ich unbemerkt neben zwei Kollegen stand, die miteinander tratschten, hörte ich, wie der eine sagte: »Du mußt XY-Aktien kaufen!« – »Wieso?« gab der andere zurück. »Der Kosto hat's mir gesagt.« Über Nacht wurde ich zum Guru. Ich sage ja immer, fast jeder Börsianer ist in seinem Leben einmal ein Börsenguru, wenn er irgendwann

richtig liegt. Viel schwerer ist es zu überdauern.
Mit dem Zusammenbruch der Oustric-Bank und den Devilder-Papieren stürzte dann im Herbst 1930 die Pariser Börse endgültig in die Tiefe. Meine Intuition war richtig gewesen. Der Baissier hatte gewonnen. Jeden Abend machte ich Bilanz und rechnete meine Gewinne aus. Ich hatte viel gewonnen, allerdings durch den Verlust und Schmerz anderer. Der Erfolg ermutigte mich weiterzumachen. Als meine Kunden ihre Aktien eindeckten, verkaufte ich ihnen die Papiere und weitete meine Shortposition sogar noch aus. Ich war von diesem Erfolg berauscht, vom Geld genauso wie von der Bestätigung meiner Voraussagen. Meine Kollegen besuchten mich. Sie sahen in mir einen Propheten, der die Entwicklung – gegen die allgemeine Meinung – richtig beurteilt hatte. Da ich jetzt die Mittel hatte, wollte ich auch die Annehmlichkeiten des Lebens genießen. Hans Kanitz war wieder zurück nach Budapest gegangen, und ich nahm mir eine Studiowohnung in der 50, Rue de Monceau gegenüber einem Palais der Rothschilds. Später zog ich dann in der gleichen Straße noch mal um, in eine entzückende Wohnung, die drei Zimmer übereinander hatte. Es war quasi ein Miniaturpalais. Ich ließ die Wohnung von einer Dekorateurin einrichten. Sie war eine gute Freundin

von mir und die große Liebe des berühmten französischen Dichters Paul Valéry. Doch außer meiner neuen Wohnung fand ich keine Befriedigung meiner Wünsche.
Meine Freunde, meine Kameraden, alle, die ich gern hatte, waren ruiniert. Sie hatten in dieser Krise entweder ihr Geld oder ihre Stellung verloren und wußten nicht, was ihnen die Zukunft bringen würde. Ich hingegen konnte mir jetzt jeden Luxus leisten und jedes Vergnügen, von dem ich je geträumt hatte. Die eleganten Hotels und Restaurants, Auto mit livriertem Chauffeur, alles stand mir offen, denn meine Brieftasche war gefüllt, aber – und jetzt kommt *das große ABER:* Die anderen waren nicht dabei. Die gute Atmosphäre war dahin, das fröhliche Lachen verklungen, an seine Stelle waren Verbitterung und schlechte Laune getreten. Ich war allein, allein mit mir selbst. Überall wurde etwas zum Verkauf angeboten, aber ich hatte keinen Spaß mehr am Kaufen. Ich begriff, daß Champagner und Kaviar kein Vergnügen machen, wenn die Freunde sich mit einer Tasse Kaffee begnügen müssen. Ich wagte nicht, glücklich zu sein, und konnte es auch gar nicht, ich kam mir schlechter vor, als ich war.
Auch viele Brokerfirmen gingen nach dem Krach der Pariser Börse zugrunde. So wurde ich meinen Job los, was mich finanziell aber nicht tan-

gierte. Geld zum Leben hatte ich ja genug. Ich war fortan nur noch Spekulant. Mit der Baisse hatte ich meinen großen Erfolg gehabt, und so setzte ich weiterhin auf fallende Kurse. Es gibt an der Börse nur zwei Gruppen, die Haussiers und die Baissiers. Die einen sind die Optimisten, und die anderen sind die Pessimisten. Beide sind charakterlich so verschieden, daß es nur sehr wenige Börsianer gibt, die einmal auf Hausse und ein anderes Mal auf Baisse spekulieren. Der Haussier ist der Bohemien, während der Baissier darauf wartet, am Schmerz des anderen zu verdienen. Beide stehen sich wie Gegner gegenüber. Zu Gustav Hoffmann, einem der eingefleischtesten Baissiers der Budapester Börse, kam in einer stürmischen Hausse einmal ein junger Börsianer und fragte ihn provozierend: »Was sagen Sie, Herr Börsenrat, nun dazu, wie die Kurse steigen und wir jungen Leute das Geld schaufeln?« Gelassen antwortete er: »Das, was ihr da gewinnt, kommt alles zu mir zurück. Nur was in der Zwischenzeit für Champagner und Frauen verpraßt wird, ist für immer verloren.«
Frauen rate ich deshalb, sie sollten sich einen Haussier angeln, aber immer einen Baissier in der Hinterhand haben, falls die Börse längere Zeit schwach ist. Ohne Frage gehörte ich damals im Gegensatz zu heute in das Lager der Pessimisten. Ich verdiente weiterhin gut, da die Schul-

denprobleme Deutschlands ein großes Baissemoment waren. Deutschland war damals aus dem Ersten Weltkrieg riesige Reparation schuldig und konnte nicht zahlen. Die Börse fiel weiter, bis Präsident Hoover den Vorschlag machte, Deutschland ein Moratorium zu gewähren und die Zahlungen vorerst auszusetzen. Nach dieser Nachricht schossen die Kurse in die Höhe. Alle, die wie ich Aktien auf Termin short verkauft hatten, mußten nun bei steigenden Kursen zurückkaufen, was die Papiere weiter nach oben trieb. Am Ende verlor ich in dieser sogenannten Hoover-Hausse mein gesamtes Vermögen wieder. Ich war schlichtweg pleite. Es half nur eins. Ein wenig Arbeit im bürgerlichen Sinn des Wortes.

Ich ging zu einem Pariser Börsenmakler, der den Krach überlebt hatte. Er hieß Marquis D'Espinay und war jahrelang französischer Diplomat in Peking gewesen. Sein Büro war neben unserem gewesen. Daher kannte ich ihn bereits gut. Ich erklärte, ich hätte kein Geld, und ich schlug ihm vor, daß er mir einen Vorschuß auf die Provisionen gewähren sollte, die ich dann als Makler bei ihm verdienen wollte. Nicht einen Moment zögerte D'Espinay und gab mir auf meine bestehenden Schulden noch einen großen Kredit. Er war sogar so diskret, daß er die Schulden nicht auf meinem Konto führte, damit die anderen Mitarbeiter nichts davon erfuhren.

Für eine andere Sektion der Pariser Börse, die D'Espinay nicht abdeckte, bewarb ich mich bei Adrien Perquel, einem alten Agent de Change der Pariser Börse. Auch Perquel gewährte mir einen Kredit auf zukünftige Provisionserlöse. Die Kundenakquise hatte ich nicht verlernt. So konnte ich sehr schnell mein Debit wieder wettmachen. Bereits drei Jahre später, 1936, hatte ich wieder ein Einkommen aus Provisionen von über 151 000 Franc. Das entsprach etwa 12 000 Dollar, was nach heutiger Kaufkraft sicher das Zwanzigfache, also rund eine Viertelmillion wäre.

Während dieser erfolgreichen Berufsjahre kamen in Deutschland die Nazis an die Macht. Haben Sie die Folgen einkalkuliert?

Ja, ich war sofort nach Hitlers Machtergreifung beunruhigt. Als sich in den folgenden Jahren dann herauskristallisierte, welche Politik er betrieb, wurde ich ausgesprochen pessimistisch und begann, mich wieder à la baisse zu engagieren. Doch die Börse nahm keine Notiz von Hitler. Sie stieg und stieg. Ich diskutierte und debattierte mit meinen Kollegen, doch sie fragten schulterzuckend: »Was geht uns Hitler an? Wir sind

hier nicht in Deutschland, sondern in Paris. Die Börse wird steigen.«
Ich war außer mir und sagte: »Ihr seid Dummköpfe und verhaltet euch, wie ich es kürzlich in einem Buster-Keaton-Film gesehen habe.« In diesem Film sitzt Buster Keaton in einem Landhaus und spielt Klavier. Dann kommt ein Bösewicht und zündet das Haus an. Die Flammen werden immer größer, die Mauern brennen herunter, und Buster Keaton spielt immer weiter. Und als er plötzlich um sich schaut, ergreift ihn die Panik, und er läuft davon. »So wird es euch auch passieren«, prophezeite ich meinen Börsenkollegen. Aber meine Nerven wurden weiter strapaziert, denn die Kurse setzten ihre Aufwärtsbewegung fort. Es sah bereits so aus, als würde ich meinen gesamten Einsatz verlieren. Mein gesamtes Geld war in Verkaufsoptionen investiert, die wertlos auszulaufen drohten. Erst kurz vor dem Termin wurde ich gerettet, und die Börse brach zusammen.

Wie haben Ihre Kollegen, wie haben die Franzosen, die Sie kannten, reagiert, als 1940 der Feldzug gegen Frankreich begann?

Da kann ich eine interessante Geschichte erzählen, die ich in Frankreich einmal schreiben, die der Verleger aber nicht veröffentlichen wollte, weil sie für die Franzosen etwas diffamierend ist.

Ich kannte seit Jahren einen sympathischen und intelligenten Journalisten namens Pecry. Sein Bruder war zwar Bankier, er kam aber immer zu mir und bat um Ratschläge für seine Börsengeschäfte. Ich gab ihm börsentechnische Aufklärungen, und er hinterbrachte mir gegebenenfalls politische Kulissengeheimnisse. Als Journalist arbeitete er auch beim Radio, und von solchen Leuten, so dachte ich, kann man hier und da politischen Klatsch erfahren.

Während der Wochen vor dem Kriegsausbruch kam er auch des öfteren mit der Information, daß es gewiß zu keinem Krieg kommen werde und daß wir keine Angst zu haben brauchten. Man müsse also kaufen. Die Regierung Daladier würde abdanken und Pierre Laval, der nächste Ministerpräsident, werde sich mit den Nazis über Danzig sofort einigen und alles bliebe in bester Ordnung. Es war schon in aller Munde: »Sterben

für Danzig?«, ein Schlagwort, das die Naziagenten verbreitet hatten.
Er hatte sich geirrt. Der Krieg brach aus. Dann kam er fast täglich mit der Nachricht, daß in dem Moment, wo Hitler die Ostfront erledigt hätte (es handelte sich um den Blitzkrieg in Polen), Laval in Frankreich die Regierung übernehmen werde und so weiter. Also nur Geduld, man müsse weiter kaufen, denn der Friede stehe vor der Tür.
Knapp vor Kriegsausbruch glaubten einige, man müsse bei den billigen Preisen kaufen, man gehe kein Risiko ein. Denn entweder komme es nicht zum Krieg, dann werde man eine stürmische Hausse erleben, oder der Krieg komme doch, dann sei sowieso alles egal, das Ende der Welt in Sicht. Dann sei es auch gleichgültig, ob man Geld habe oder nicht.
Mein Gott, wie haben wir uns alle geirrt! Ich selbst hatte mich schon seit längerer Zeit an der Pariser Börse auf Baisse engagiert. Die Preise bröckelten zuerst langsam, später etwas rascher, und ich konnte bereits einen schönen Nutzen verbuchen. Meine Baissespekulation war natürlich ein Termingeschäft, das von Monat zu Monat verlängert wurde. Am Anfang jeden Monats, dem sogenannten Kassatag, konnte ich die Gewinne einstreichen, die durch den Kursrückgang während des vorangegangenen Monats entstanden waren. Beim nächsten Kassatag, dem

6. September, hätte ich einen schönen Börsenprofit einstreichen können.
Nach dem Ribbentrop-Molotow-Abkommen vom 24. August 1939 war ich überzeugt davon, daß der Krieg kommen mußte. Der 6. September war nur mehr 14 Tage entfernt, aber diese Frist schien mir eine Ewigkeit.
Ich verlor aber nicht die Nerven, sondern überlegte, wie ich meine Angelegenheiten in Ordnung bringen sollte. Kommt der Krieg, so mußte es zu einem Zusammenbruch an der Börse kommen. Doch wird man die Börse vorher schließen. Banken und Bankiers wird die Regierung Moratorien gewähren. Ich würde also nicht nur meine Terminengagements nicht auflösen können, sondern auch meine Bankdepots würden eingefroren, die zur Sicherstellung meiner Börsenoperationen dienten. Mein Entschluß war schnell gefaßt. Ich mußte zumindest meine Depots retten. Um sie abheben zu können, mußte ich aber meine Baisseengagements lösen. Dies war gar nicht nach meinem Geschmack, denn ich war überzeugt, die Kurse würden weiter fallen.
Aber derlei Überlegungen waren inzwischen unwichtig geworden. Mir war es jetzt kein Anliegen mehr, weitere Profite einzustreichen. Ich war überzeugt, daß die Börsen und Banken geschlossen würden. Also rette sich, wer kann! Nachdem ich meine Baisseengagements glattgestellt hat-

te, überwies ich meine Depots nach Amerika. Mein Vater pflegte zu sagen: »Es gibt Menschen, die gescheit reden und dumm handeln, und solche, die dumm reden und gescheit handeln.« Wir gehörten damals zu den letzteren. Es kam nämlich alles völlig anders, als wir erwarteten.

Ich hatte die Ereignisse falsch beurteilt und trotzdem Glück gehabt. Der Krieg brach aus, die Börse wurde überhaupt nicht geschlossen, sogar der Terminhandel ging weiter, es gab keine Moratorien, nicht einmal Devisenkontrollen wurden eingeführt. Am 6. September hob ich meine letzten Baisseprofite ab und konnte sie nach Amerika überweisen. Das war mein Glück, denn was geschah? Die Kurse stiegen in stürmischer Hausse sprunghaft an. Alle diejenigen, die gekauft hatten, und ich, der sein Baisseengagement gedeckt hatte, hatten phantastisches Glück.

Geirrt haben sich auch diejenigen, die dachten, der Kriegsausbruch bedeute das Ende der Welt und es sei dann gleichgültig, ob man Geld habe oder nicht. Denn gerade in den folgenden Monaten und Jahren konnten viele Menschen ihr Leben retten, wenn sie Geld hatten, und viele sind umgekommen oder verschollen, weil sie keines besaßen.

Am meisten aber hat sich mein Freund, der Journalist, geirrt, und zwar unverzeihlich. Wochenlang wiederholte er immer wieder: Daladier wird

abdanken und Laval die Regierung übernehmen und mit Hitler Frieden machen, man muß kaufen. Polen lag bereits am Boden, dann kam der Blitzkrieg gegen Westen, Holland wurde besetzt, Belgien streckte die Waffen. Es kamen aufregende Tage, ich sah meinen Freund einige Wochen nicht. Doch eines Tages kam er atemlos im Laufschritt zu mir, direkt in die Börse. Er zog mich beiseite, damit uns niemand hören konnte, und flüsterte mir mit einem zufriedenen Lächeln zu: »Jetzt helfen Sie mir, lieber Freund, sagen Sie mir, was ich schnell kaufen soll, da ich von einer stürmischen Hausse profitieren möchte.«
Ich war ganz aufgeregt. »Ist Hitler vielleicht tot?« fragte ich. »Aber nein, im Gegenteil, die Nazis stehen dreißig Kilometer vor Paris, in zwei Tagen sind sie hier, der Krieg ist praktisch zu Ende, die Kurse werden in die Höhe schnellen. Was muß man kaufen ...?«
Was konnte ich darauf antworten? Für mich war eine Welt zu Ende. Die Börsenangestellten liefen herum, als wäre alles in bester Ordnung; aber ich wußte, daß übermorgen die Nazis und die Gestapo in Paris sein würden. Mir war, als hätte man mir mit einem schweren Hammer auf den Kopf geschlagen, alles begann sich zu drehen.
Mein Freund bedrängte mich weiter, welche Papiere er kaufen solle. Ja, für ihn war alles in bester Ordnung. Hitler war da mit all dem, was

das bedeutete. Nur seine Vorstellungen waren andere als die meinen. Selbst wenn ich ihm hätte antworten wollen, ich hätte es nicht gekonnt. Ich spürte einen eisigen Krampf im Herzen und lief schnell aus der Börse, sprang in ein Taxi und fuhr nach Hause.

Während dieser Zeit suchte mein Freund mich noch immer an der Börse, damit ich ihm die Papiere auswählte, mit denen er von Hitlers Sieg profitieren wollte. Ich weiß nicht, welche Aktien er schließlich ausgewählt hat, ich weiß nur, daß sein Irrtum, gemessen an meinem, monumental war. Er hat recht bekommen, Laval ist tatsächlich Ministerpräsident des von den Nazis besetzten Frankreich geworden. Aber dann stiegen die Kurse nicht mehr. Im Gegenteil. Diesmal wurde die Börse tatsächlich geschlossen, die Papiere blieben lange Zeit unverkäuflich, und später, als sich wieder ein ganz kleiner Markt entwickelte, waren die Francs, die man für die Papiere erhielt, wertlos.

Sein Hauptirrtum aber bestand darin, daß er sein Schicksal an das der Nazis gebunden hatte. Nach dem Krieg, als ich wieder in Paris war, erkundigte ich mich nach ihm und erfuhr, daß er wegen seiner Nazikollaboration zu einer zehnjährigen Kerkerstrafe verurteilt worden war.

Für mich war klar, ich mußte Paris verlassen. Ich kaufte mir einen B14-Citroën, ein wunderschönes Auto. In einem speziellen Gürtel verstaute ich zehn 1000-Dollar-Scheine. Außerdem hatte ich 200 Dollarnoten und 100 000 Franc in kleinen Scheinen bei mir. Ich hatte mich an die Anekdote eines Russen erinnert, der mir von seiner Flucht nach der Revolution berichtet hatte. Plötzlich landete seine Familie vor dem Fluß Neva, den sie überqueren mußten. Es gab keine Brücke, sondern nur eine kleine Fähre. Sie hatten kein Geld mehr für die Überfahrt, nur den Brillantring der Mutter. Sie gab ihn schweren Herzens her. Das gute Stück hatte nämlich fünf Karat. Natürlich wären sie auch mit einem einkarätigen Ring über den Fluß gekommen, doch einen Brillanten kann man nicht teilen, genauso wenig wie einen Geldschein. Daraus zog ich eine nützliche Lehre und nahm viel Kleingeld mit.

Nachdem ich fertiggepackt hatte, sah ich mich in meiner Wohnung um, streichelte zum Abschied die mir besonders lieben Gegenstände, die ich zurücklassen mußte. Ich dachte, ich würde Paris nie wiedersehen, die Menschen, die ich liebgewonnen hatte, meine Freunde, meine Kollegen, die vertrauten Straßen und Boulevards und vieles andere, was mir im Leben etwas bedeutete.
Der Buchhalter bei Perquel, er hieß Metzger, wollte auch Paris verlassen, denn es war be-

schlossen worden, die Börse am nächsten Tag zu schließen und nach Vichy zu verlegen. Für mich war es ein großes Glück, denn ich war kein routinierter Autofahrer. Einen Führerschein hatte ich, da ich mir aber immer einen Chauffeur leisten konnte, war ich nie selbst gefahren. Erst in Amerika habe ich wieder begonnen, selbst hinterm Steuer zu sitzen. Wir beide vereinbarten, zunächst nach Vichy zu fahren, wo ich eine frühere Geliebte hatte. Sie hieß May Reves, wobei ihr wirklicher Name Maria Müller war. Sie stammte nämlich aus Karlsbad. Bevor ich mit ihr zusammengewesen war, war sie die Geliebte von Charly Chaplin, über den sie später auch ein Buch geschrieben hat.

Die Fahrt war natürlich nicht so einfach, wie man sich das vielleicht vorstellt. Ganz Paris war auf den Beinen und Zehntausende auf der Flucht. Glücklicherweise hatte ich genügend Geld. Als wir tanken mußten, gab der Tankwart zu verstehen, Benzin sei reglementiert. Ich sagte: »Ich zahle Ihnen den doppelten Preis.« Er sagte: »Ich gebe Ihnen zehn Liter.« Als die im Auto waren, sagte ich: »Geben Sie mir weitere zehn! Ich zahle den dreifachen Preis!« Ich hatte dabei kein reines Gewissen, aber es war die einzige Möglichkeit weiterzukommen. Nie hätte ich jedoch so in einer Hungersnot gehandelt. Doch zwischen Brot und Benzin ist noch ein

Unterschied nach meiner Ansicht. Bei Opernkarten zum Beispiel habe ich überhaupt keine Hemmungen, am schwarzen Markt zu kaufen. Meine Leidenschaft für die Musik siegt in dem Fall immer.

Vor nicht allzu langer Zeit – ich war in Budapest noch während des Kommunismus – führte die Mailänder Scala Verdis *Requiem* auf, eines meiner Lieblingswerke. Ich suchte zwei Karten, doch es war bereits vollkommen ausverkauft. Daraufhin ging ich zu einem befreundeten Hotelportier und sagte ihm: »Ich brauche zwei Opernkarten für Verdis *Requiem.«* Er erwiderte, es sei unmöglich. »Auf dem schwarzen Markt«, entgegnete ich. Er sagte: »Nein, auch da ist nichts zu finden.« – »Irgend etwas muß machbar sein. Ich zahle einen hohen Preis«, erwiderte ich. Dann kam Bewegung in die Sache, und der Portier fragte mich: »Was sind Ihnen zwei Karten wert?« – »1000 Forint«, sagte ich. Mein Gegenüber fiel fast um. Für ihn war es viel Geld, für mich jedoch nur vierzig Mark. Vor meinen Augen griff er zum Telefon und sagte: »Hallo, gnädige Frau, küss' die Hand, hier spricht der Portier. Ich muß Ihnen leider sagen, es war eine falsche Information mit den Karten; ich konnte sie nicht bekommen.« Er legte auf und sagte: »Hier, Herr Kostolany, sind die zwei Tickets.«

Ähnliches machte ich bei den Salzburger Festspielen 1946. Nirgendwo war ein Zimmer zu bekommen. Ich ging in den »Münchener Hof« und bat trotzdem um eines. Der Portier antwortete erwartungsgemäß: »Unmöglich, mein Herr, es ist alles voll.« – »Unmöglich, das gibt's nicht«, erwiderte ich. »Nein«, beteuerte er, »ich kann nichts machen.« – »Passen Sie auf«, sagte ich. »Was kostet hier ein Zimmer?« – »Soundso viel Schillinge.« – »Ich gebe Ihnen das Doppelte, und der zweite Anteil gehört Ihnen.« Nach zehn Minuten hatte ich mein Zimmer.

Mit dem erstandenen Benzin fuhren der Buchhalter Metzger und ich in Richtung Vichy weiter. In Paris hatte man erklärt, der neue General Weygand würde an der Loire eine Verteidigungslinie aufbauen und die Deutschen hier aufhalten. Kurz nach dem Beginn unserer Reise kamen wir an eine kleine Brücke über ein Flüßchen, besser gesagt einen Bach. Ich ließ meinen Freund anhalten und stieg aus. Ich wollte meinen Augen nicht trauen. Auf dem Schild vor der Brücke stand »Loire«. »Das ist die Loire?« fragte ich Metzger. »Na, wenn das die Loire ist, dann fahr' ich nach Amerika.« Später, als Metzger wieder in Paris war, erzählte er unseren Freunden von meinem Ausspruch, die wunderbar gelacht und ihn, wie ich später erfuhr, gerne zitiert haben. Sogar im Radio berichtete man davon – »ein Flüchtling aus Paris etc.«.

Die Reise dauerte wegen des vorherrschenden Verkehrschaos einige Tage. Im Hotel Albert I in Vichy stieg ich ab. Doch da es so aussah, daß die Deutschen in Paris nicht haltmachen und auch Vichy besetzen würden, wollte ich schnell weiter. Mein Freund Metzger mußte mich nicht mehr begleiten. Da er nicht Jude war, hatte er nichts zu befürchten. Außerdem war die Börse jetzt in Vichy. Den Citroën überließ ich ihm und versuchte, mir einen Chauffeur mit Wagen zu mieten. Ich fragte den Hotelportier. Die Antwort kam wie erwartet: »Es ist unmöglich, ein Auto zu bekommen.« Das Spiel begann erneut. Er fragte mich, was mir ein Auto wert sei, und am Ende bekam ich eins. Als ich das Hotel verlassen hatte, um mich mit meinem neuen Chauffeur zu treffen, ging der Portier zu Adrien Perquel, der bereits vorher von Paris nach Vichy gefahren war und auch im Hotel Albert I weilte. Nur durch ihn hatte ich dort das Zimmer bekommen. Der Portier fragte ihn: »Monsieur Perquel, ist der Herr Kostolany vielleicht ein Schwindler, den man irgendwo sucht?« – »Aber was! Warum?« fragte Perquel. »Er will so dringend weg, daß er mir verdächtig vorkommt«, sagte der Portier. Perquel lachte wunderbar und beruhigte ihn.
Ich war abreisefertig und fuhr am nächsten Morgen weiter nach Biarritz. Unnötig zu sagen, daß auch diese Reise einige Tage in Anspruch nahm.

In Biarritz spürte man wenig vom Krieg. Die Front war weit genug entfernt. Im Radio hörte ich die Rede von Marschall Pétain, in der er verkündete, man habe sich mit Deutschland über eine Linie geeinigt, die deutsche Truppen nicht überschreiten sollten, und dahinter bleibe Frankreich frei.

Wie sind Sie denn dann von Biarritz nach Amerika gekommen?

Ich erinnerte mich, was Hitlers Versprechen in der Vergangenheit wert gewesen waren und traute dem Frieden deshalb nicht. Mein Entschluß stand fest, ich wollte nach Amerika. In Biarritz hatte ich ein befreundetes Ehepaar aus Budapest getroffen. Er, Lassi Boros, war Chefredakteur der größten Budapester Zeitung, und seine Frau war die Tochter Gustav Hofmanns, des größten Baissiers der Budapester Börse. Da die Boros auch Europa in Richtung Amerika verlassen wollten, beschlossen wir, zusammen nach Spanien weiter zu reisen.

Die 100 000 Franc hatte ich immer noch in meiner Tasche. Da ich mir sicher war, der Franc werde sich total entwerten, wollte ich sie vorher ausgeben. Ich ging in die eleganteste Straße von Biarritz und kam bei Hermès vorbei. Der Besitzer,

Monsieur Hermès persönlich, bediente mich. Er war auch von Paris nach Biarritz geflohen. Ich gab meine Francs bei ihm aus und erwarb dafür eine Menge Taschen und Accessoires in höchster Qualität. Die meisten existieren heute nicht mehr, sie sind nach 45 Jahren alt und verschlissen, außer einer Aktentasche mit silbernem Herrennecessaire, die ich nie benutzt habe. Hermès würde sie mir heute für 50 000 Franc abkaufen, um sie im eigenen Museum auszustellen.
Nach dem Einkauf ging die Reise weiter. Ein spanisches Visum hatte ich, wie auch das Ehepaar Boros, bekommen. Doch wenn man Frankreich verlassen wollte, brauchte man außerdem ein Exitvisum, das man bei der Präfektur in Bayonne beantragen mußte. Als ich dort im Vorraum wartete, betrat ein sehr großer, dicker, häßlicher Mann den Raum. Ich erkannte ihn sofort. Es war Baron Maurice Rothschild Senator, ein Vetter des letzten Seniorchefs vom Familienclan in Paris. Mit rauher Stimme sagte er: »Ich will den Präfekten sprechen!« Der Diener fragte ihn: »Wer sind Sie?« – »Baron Rothschild Senator.« – »Setzen Sie sich«, sagte der Diener im Befehlston. Ich war schockiert. Der Baron Rothschild war mir zwar nicht unbedingt sympathisch, aber ich dachte, so behandelt man einen Rothschild, der außerdem noch Senator ist? War der Antisemitismus schon von Paris nach Biarritz gekommen, und wie wür-

de man mich behandeln? Glücklicherweise wurden meine Ängste sehr schnell wieder zerstreut, denn schon nach kurzer Zeit kam der Diener wieder heraus und sagte: »Verehrter Baron, würden Sie so liebenswürdig sein, eine Minute zu warten, der Präfekt wird Sie sofort empfangen.« Für mich war die Welt wieder in Ordnung. Die Flucht Maurice Rothschilds verlief danach, wie ich später erfuhr, jedoch nicht so reibungslos wie in Bayonne. Er floh wie ich über Spanien und landete auf den Bermudas. Dort angekommen, ging er zum amerikanischen Konsul, um ein Visum zu beantragen. Er überreichte seinen Paß. Als der Konsul ihn öffnete, lagen zwei Banknoten à hundert Dollar drinnen. Die Antwort des Konsuls kam prompt und direkt: »Herr Baron, ich gebe Ihnen kein Visum, und Sie werden auch nie eines bekommen.« Maurice Rothschild wußte offenbar nicht, daß man einen amerikanischen Konsul nicht bestechen kann. Richter und Politiker sind auch in den USA käuflich, aber nicht ein Konsul, denn er ist ein Angestellter der Bundesregierung und nicht des Staates. So mußte er nach Kanada gehen, denn ein amerikanisches Visum erhielt er tatsächlich nie. Es schadete ihm aber offensichtlich nicht. Als er Anfang der fünfziger Jahre starb, wurde seine Hinterlassenschaft in der Presse mit 277 Millionen Pfund Sterling beziffert, was mehr als eine Milliarde Mark da-

mals war. Sein Sohn Edmund Rothschild war der Begünstigte und später auch der Reichste aller Rothschilds, deren Vermögen sich durch verschiedene Heiraten immer wieder splittete.
Auch wenn ich länger warten mußte als Baron Rothschild, bekam ich doch mein Exitvisum und ebenso die Boros. Wir fuhren gemeinsam weiter nach San Sebastian, wo das große Leben fernab von den Kriegswirren munter weiterlief. Das Geld, das ich noch hatte, ließ ich in den Paß eintragen, um es beim Verlassen Spaniens auch wieder mitnehmen zu können. So war es Vorschrift.
In San Sebastian ging ich täglich zum Fronton. Ich glaube, in Deutschland heißt es Squash. Man konnte auf die verschiedenen Teams Wetten abschließen, ohne selbst spielen zu müssen. Damit vertrieb ich mir meine Zeit. Einen Stierkampf schaute ich mir natürlich auch an.
Einmal, ich ging mit einem Freund, den ich dort kennengelernt hatte, an den Straßencafés vorbei, deutete mein Begleiter auf einen sehr häßlichen dicken Mann, der auf der Terrasse eines der Straßencafés saß. Ich fragte: »Wer ist das?« – »Horace Finaly« bekam ich zur Antwort. Horace Finaly war als Chef der Banque de Paribas im damaligen Frankreich das, was in Deutschland Hermann Josef Abs gewesen ist, er war sogar noch einflußreicher. Er war der größte Potentat in Paris. Er be-

nannte den neuen Präsidenten in der Banque de France und konnte sogar Regierungen stürzen.
Die Paribas war die größte Geschäftsbank, keine Depotbank mit Filialen, sondern eine reine Geschäftsbank, geleitet nur von der jüdischen Hochfinanz. Während die Depotbank Crédit Lyonnais von Katholiken und die Bank Union Parisienne von Protestanten geführt wurden. Finalys Ruf war einmalig. Man sagte von ihm, er sei der gescheiteste Mann in Frankreich. Seine Eltern hatten in Budapest ein riesiges Vermögen von einem Onkel aus Wien, Horace Landau, geerbt, der ein Partner in der Bank der Rothschilds war. Nachdem sie beerbt worden waren, gingen die Finalys auf die Initiative der Mutter, einem absoluten Schöngeist, nach Paris, wo sie einen literarischen Salon organisierte. Und inmitten dieser französichen Elite, zu der unter anderen auch Marcel Proust gehörte, ist Horace Finaly aufgewachsen. Er war selbst später ein großer Literat, aber ebenso auch ein phantastischer Geigenspieler.
Er hat die Paribas erst zu der mächtigen Bank gemacht, die sie später war. 1946 starb er und hinterließ hundert Millionen Dollar und eine Bibliothek, die mit zwei Millionen Pfund Sterling bei Sotheby's versteigert wurde.
Ich lernte ihn später noch persönlich kennen. Dem voraus ging eine interessante Geschichte...

1938 hatte ich in Paris einen englischen Brief bekommen: »Dear Mr. Kostolany, I am a dark American girl.« Sie schrieb, sie komme aus Wien, wo ihr mein Freund Dr. Kaufmann meine Adresse gegeben habe. Sie wolle nach Paris kommen und bitte mich, sie dort herumzuführen. Ich rief sie an, sie hieß Carmen B., und wir verabredeten uns.

Zu vereinbarter Stunde holte ich sie im Hotel Ambassador ab, wo sie wohnte. Ich war äußerst gespannt auf ihre Erscheinung. Mein Plan war, sie ins Cremaiere auszuführen, damals das eleganteste Restaurant in Paris. Ich wartete in der Hotelhalle, als plötzlich eine schwarzhäutige Frau die Treppe herunter und auf mich zukam. Sie war mein Rendezvous, sehr schön, doch ich hatte nicht gedacht, daß sie eine Schwarze sei, sondern angenommen, das »dark« beziehe sich auf schwarze Haare oder einen dunklen Typ. Später war mir klar, daß ich es eigentlich hätte wissen müssen. Doch da die Schwarzen zur damaligen Zeit überhaupt keine Rolle in der hohen Gesellschaft spielten, war ich gar nicht auf den Gedanken gekommen.

Ich warf meine Pläne für den Abend um, denn ins Cremaiere konnte ich mit ihr nicht gehen. Die Zeit war leider noch nicht soweit. Wir gingen zum Montparnasse und amüsierten uns um so besser. Ich zeigte ihr ganz Paris, bis sie

dann nach London fuhr, wo ich sie zu meinem Bruder Emmerich schickte, damit er ihr London zeigte. Emmerich erlebte zu meinem größten Vergnügen die gleiche Überraschung wie ich.
Ich verlor sie danach aus den Augen. Eines Tages, als ich bereits in New York war, saß ich mit ein paar Freunden in meiner Penthousewohnung, unter ihnen auch mein Jugendfreund Jori Grünwald, der mir erzählte: »André, ich habe eine sehr hübsche Schwarze kennengelernt, die aus Wien kommt.« Ich fragte, ob sie vielleicht Carmen B. heiße. Mein Freund wußte es nicht. Er erkundigte sich, und es war zufällig meine einzige schwarze Bekanntschaft. Ich rief sie an, und wir verabredeten uns. Sie wohnte in der vornehmen Madison Avenue in einer sehr großzügigen Wohnung zusammen mit einer weißen Freundin. Ich traf sie dann ein paarmal. Einige Monate später, als wir länger nichts voneinander gehört hatten, rief sie mich wieder an: »Hallo, André, wie geht es dir? Ich möchte dich mit meinem Boyfriend bekannt machen, er ist auch gebürtiger Ungar, war Banker in Paris und lebt jetzt als Flüchtling in New York!« – »Wie heißt er?« fragte ich. »Horace Finaly«, kam die Antwort. So lernte ich den großen Bankier kennen.

Nachdem ich ein paar Wochen in San Sebastian verbracht hatte, führte mich meine Reise weiter nach Madrid, wo ein guter väterlicher Freund wohnte: Dr. Ing. Carlos Soria. Er war zusammen mit Graf Arco der Gründer von Telefunken. Ich kannte ihn durch einen gemeinsamen Freund, den bekannten deutschen Krimiautor Frank Arnau, den ich in Paris kennengelernt hatte. Sein berühmtester Bestseller, »Die Fälscher der Fälscher«, ist manchen vielleicht ein Begriff. Er hatte Soria in der Eisenbahn kennengelernt und ihm durch gute Kontakte ermöglicht, Hitlerdeutschland nach Spanien zu verlassen und einen spanischen Paß zu bekommen. Zwischen Soria und mir hatte sich eine sehr intensive väterliche Freundschaft entwickelt, denn er war erheblich älter als ich. Was verband mich mit ihm? Was mir so viele Freunde im Leben beschert hat: die Liebe zur Musik. Soria war wie ich großer Wagnerianer. Viele Wochenenden war ich zu Gast in seiner Villa in Madrid, wo er eine Stellung bei Siemens hatte. Siemens hatte extra eine Stellung eingerichtet, um ihm ein Einkommen zu verschaffen. Später ist er dann wie seine Söhne nach Amerika ausgewandert, wo ich wieder sehr engen Kontakt zu ihm hatte.

Zuvor hatte Soria aber mir bei der Auswanderung geholfen. Er brachte mich mit seinem Wagen nach Vigo. Von hier aus gingen große Passagierschiffe nach Amerika. Ich hatte für Amerika mit der Begründung, ich wolle Urlaub dort machen, ein Visitorvisum beantragt. Ein Einwanderungsvisum zu bekommen war unmöglich. Man glaubte mir, weil ich ein vermögender Mann war und ich nicht als jüdischer Flüchtling galt, denn Ungarn war zu dieser Zeit noch nicht von den Deutschen besetzt.

Das war bei den deutschen Juden anders?

Genau, ihnen gab man damals auch kein Visitorvisum, weil man wußte, sie würden nicht mehr zurückgehen. Solange Ungarn aber unbesetzt war, galten wir nicht als jüdische Flüchtlinge. Als ich dann in New York war, ließ ich mein Visitorvisum immer wieder verlängern. Wenig später hatte ich dann das Glück, daß ein Gesetz erlassen wurde, welches den mit Besuchervisum in Amerika befindlichen Ungarn ermöglichte, sich für die ungarische Einwanderungsquote zu bewerben. Da durch den Krieg sowieso keine Ungarn nach Amerika kommen konnten, waren die Kontingente frei.
Die Flüchtlingspolitik der USA zur damaligen Zeit ist überhaupt sehr interessant. Die Prinzipien, auf denen sie basierte, sind – glaube ich – heute noch gültig. Ich will Ihnen zwei Anekdoten und drei eigene Erlebnisse erzählen, die deutlich machen, was ich meine.

Die erste ist sehr bezeichnend für die puritanische Seite Amerikas. Nach Mexiko war ein berühmtes amerikanisches Schiff mit Flüchtlingen aus Europa unterwegs. Unter ihnen auch ein ungarischer Jude und eine Deutsche, die nicht verheiratet waren, aber als Paar in einer Kabine reisten. Er war von Beruf Juwelier und lief immer mit Juwelen herum, die er quasi aus der Tasche verkaufte. Ich habe später einige Manschettenknöpfe bei ihm erworben. Als das Schiff mitten auf dem Atlantik war, beschloß die mexikanische Regierung, die jüdischen Flüchtlinge nicht aufzunehmen und die Visa zu annullieren. Das Schiff hätte eigentlich zurück in deutsch besetztes Gebiet fahren müssen – eine Katastrophe für die Flüchtlinge. Doch Eleanor Roosevelt, die Frau des Präsidenten, schaltete sich persönlich ein. Sie boxte im amerikanischen Kongreß einen Beschluß durch, der es dem Schiff erlaubte, in Amerika zu landen, und den Passagieren, obwohl sie kein Visum hatten, an Land zu gehen. Als sie in Amerika landeten, standen sie alle in einer Reihe vor dem Immigration Office. Unter ihnen auch der ungarische Juwelier Deschöfi. Es kommt sein Aufruf: »Deschöfi, geboren in Ungarn, Jude, Juwelier, Kabine 355, in Ordnung.« Er bekommt seinen Stempel. Dann kommen andere Passagiere und etwas später eine Frau. Der Aufruf erklingt: »Deutsche, arisch, soundso viel, Kabine 355.« – »Moment«, sagte der Beamte, »in Kabine 355 hatte ich doch schon jemanden, holt ihn zurück. – Sie waren in der gleichen Kabine?« – »Ja«, antwortete Deschöfi. »Wir sind doch Lebensgefährten.« Mit strengem Blick sagte der Beamte: »Ja, aber nicht in Amerika, ich schicke Sie wieder zurück, es sei denn, Sie heiraten hier und jetzt auf dem Schiff.« Da sie keinesfalls zurückwollten, wählten sie die Ehe, und für das puritanische Amerika war alles in Ordnung.

Die zweite authentische Geschichte ging um eine gewisse Familie Honig aus Siebenbürgen mit Frau, Tochter und Sohn. Sie hatte bei den US-Behörden einen Antrag für eine permanente Aufenthaltsgenehmigung gestellt, um so das Recht auf Einbürgerung zu erlangen.

Sie mußten vor einem Gericht in Washington erscheinen und trafen dort pünktlich ein. Die Aufregung war groß, aber der Richter stellte nur Routinefragen: »Was bedeutet für Sie Amerika? Warum wollen Sie hier leben?...« Vater Honig erschien als erster, dann die Mutter und die Tochter. Alles ging wie am Schnürl, bis der Junior an die Reihe kam. »Was bedeutet für Sie Amerika? Warum wollen Sie hier leben?...« Und da kam die Explosion: »Ich denke über Amerika das Schlechteste. Ich bin nur wegen meines Vaters gekommen. Nie würde ich hier leben wollen. Das ist doch keine Demokratie, hier ist ärgster Faschismus. Weg, weg, so schnell wie möglich. Ich hasse Amerika.« Die Richter hörten perplex zu. Der Gerichtsdiener meldete dem Rest der Familie draußen, was im Gerichtssaal vorging. Die Honigs waren außer sich und sahen ihr Glück zerstört. Dann kam die Urteilsverkündung. Dem Papa wurde der Wunsch genehmigt, Mama Honig ebenfalls, auch der Tochter. Und dann, horribile dictu, auch dem Sohn. Die Begründung: »Amerika zu hassen ist sein gutes Recht. Er darf alles denken und sagen, um Amerikaner zu werden, nur Kommunist darf er nicht sein. Dieser Hitzkopf soll sehen, wie Amerika denkt.«

Auch ich machte meine Erfahrung mit den US-Behörden. Als ich bereits länger in New York lebte und mich etabliert hatte, erhielt ich aus Lissabon einen Brief von einem alten Freund. Er hieß Emil Weiß und war Exbörsianer aus Wien. Er schrieb mir, er wolle nach Amerika kommen und hätte auch die Chance, ein Visum zu bekommen, wenn er nachweisen könnte, in Amerika Geld zu besitzen. Er bat mich, mit meinem Geld irgendwie einen fingierten Beweis hierfür zu schaffen. Da ich meinen alten Freund nicht im Stich lassen wollte, richtete ich auf seinen Namen bei einer bekannten Brokerfirma ein Konto mit 5000 Dollar ein. Nachdem er den Kontoauszug erhalten hatte, bekam ich mein Geld wieder zurück. So konnte Emil Weiß nach

Amerika kommen. Sechs Monate später erhielt ich durch den Inspektor des Immigration Office eine Vorladung. Man schrieb mir, es müsse eine mich betreffende Angelegenheit geklärt werden und ich hätte meine Papiere mitzubringen.
Ich war natürlich in Panik, denn ich hatte keine Ahnung, worum es ging. Ein irischer Beamter mit stechendem Blick empfing mich. Er sagte mit grober Stimme: »Mister Kostolany, setzen Sie sich.« Und dann fuhr er fort: »Mister Kostolany, Sie haben einem Herrn Weiß nach Lissabon einen Kontoauszug geschickt, auf dem 5000 Dollar von Ihnen eingezahlt waren, die Sie später zurückerhielten, damit Ihr Freund ein Visum bekommt. Ist das wahr?« Ich machte mir fast in die Hose und gab es zu. Der Inspektor fuhr fort: »Warum haben Sie das gemacht? Haben Sie dafür Geld bekommen?« – »Geld?« entgegnete ich. »Nein, es war ein alter Freund, dem ich helfen wollte.« Ich muß sehr überzeugend gewesen sein, denn der Inspektor glaubte mir, da es natürlich auch keinen anderen Hinweis gab, der das Gegenteil wahrscheinlich erscheinen ließ.
Ich wurde trotzdem energisch belehrt. »Hören Sie genau zu«, sagte der Inspektor. »Es ist verboten, solche Manipulationen zu machen, aber da wir sicher sind, daß Sie es nicht für Geld, sondern nur aus Freundschaft gemacht haben,

schließe ich meine Augen und das Dossier. Gehen Sie, und machen Sie es nicht wieder!«
Ich verließ erleichtert das Büro und dachte: Das ist Amerika. Freiheit und Humanität.
Ähnliches passierte mir noch mal. Den Engländern war auf einem Schiff, das sie im Atlantik gekapert hatten, ein Brief von mir an eine Schweizer Bank in die Hände gefallen, in dem ich anwies, einen gewissen Geldbetrag an Lajos Kann in Budapest zu schicken. Es handelte sich um meinen Vater, dessen Name noch nicht magyarisiert war. Da es verboten war, in feindliches Gebiet Geld zu überweisen, wurde ich wieder verhört. Man fragte mich, ob ich nicht wisse, daß es verboten sei, in ein feindliches Land Geld zu schicken. Ich erwiderte: »Ich mußte es tun, es ist doch mein Vater.« – »Ihr Vater? Wieso?«, fragte der Beamte. »Er heißt doch ganz anders.« Ich erklärte ihm die Namensänderung, und nachdem ich die entsprechenden Beweise geliefert hatte, drückte die Behörde wieder ein Auge zu. Solange man aus familiären und humanitären Gründen gegen das Gesetz verstieß, war man sehr nachsichtig. Wenn ich in beiden Fällen jedoch für Geld gehandelt hätte, wäre ich sicher ausgewiesen worden.
Außerdem stellte ich mich bei den Behörden immer eher dumm. Man erweckte als jüdischer Flüchtling nur Mißtrauen, wenn man oberge-

scheit auftrat. Das galt im Umgang mit den Behörden genauso wie mit Banken. Einmal hatte ich ein Problem mit einer französischen Dollaranleihe. Sie war fällig, und ich brachte sie zur Chase Manhattan Bank, um sie einzulösen. Es vergingen Wochen, und nichts geschah. Daraufhin ging ich zur Chase. Der Direktor machte sich wichtig und erklärte mir, man müsse erst alles genau prüfen. Es war ein Witz, denn man konnte innerhalb von wenigen Minuten feststellen, daß alles in Ordnung war. In Frankreich wäre ich sehr energisch geworden und hätte nicht gezögert zu zeigen, daß ich von diesem Geschäft mehr verstand, nicht aber in Amerika. Hier hätte es größtes Mißtrauen ausgelöst und die Angelegenheit weiter verzögert. Ich stellte mich deshalb dumm, damit sich der Direktor der Chase überlegen fühlte, und so wurde die Anleihe wenige Tage später ausgezahlt. Mir fällt noch eine Begebenheit ein, wo sich die Behörden für mich interessierten. Einer meiner großen Privatkunden in Paris war Armin Weinreb, ein Slowake, der aus Wien kam. Eines Tages hatten wir eine Differenz. Ich war zwar im Recht, doch Weinreb wollte es nicht einsehen. Später, als ich in New York lebte, zeigte er mich an. Er behauptete gegenüber der Polizei, ich sei ein gefährlicher Faschist, der im Dienste Mussolinis ein Buch gegen den Suezkanal geschrieben habe. Das war natürlich ein Witz. Ich hatte zwar

ein Buch über den Suezkanal geschrieben, aber weder gegen den Kanal noch gar im Auftrag von Mussolini. Die Behörden nahmen die Sache aber ernst, denn der Suezkanal hatte damals große politische Brisanz. Er gab letztlich den Ausschlag für Italien, Frankreich anzugreifen.
Ein Regierungsbeamter erkundigte sich bei meinem ersten Börsenmakler in New York, Alex Foldes, einem Ungarn, der zugleich auch mein bester Freund in New York war. »Sagen Sie, ist der Kostolany Faschist?« – »Faschist, warum?« – »Wir haben eine Anzeige, daß er Faschist ist und im Dienste von Mussolini...« Mein Freund mußte lachen und entgegnete: »Kostolany soll Faschist sein? Er kam doch als jüdischer Flüchtling.«
Dieser Anzeige hatte ich es am Ende zu verdanken, daß ich nie in den Krieg mußte. Durch die Recherchen wurde meine Einberufung verzögert. Und als ich dann zum Militär hätte gehen sollen, kam ein Gesetz, daß man das Höchstalter der Soldaten auf fünfunddreißig Jahre begrenzte, wodurch ich nicht mehr in Frage kam.
Meine eigene Flucht war also eine einzige Aneinanderreihung von glücklichen Umständen. Auch was den engeren Familienkreis betrifft, blieb ich von Hiobsbotschaften und Trauer verschont. Mein Bruder Emmerich war in London, wo er bei einer Privatbank eine Stellung hatte. Er

starb später in London. Mein Bruder Béla hatte es nach Barcelona verschlagen. Vor Ausbruch des Zweiten Weltkrieges hatte er mich in Paris besucht. Als dann der Krieg begann, wollte er nicht mehr zurück nach Budapest. In Paris konnte er nicht bleiben, da er Ausländer war und nicht so wie ich eine Stellung und Aufenthaltsgenehmigung hatte. Ich riet ihm damals, nach Henday, einem Ort in der Nähe von Biarritz, zu fahren, wo gerade mein väterlicher Freund Carlos Soria weilte. Soria war ein so lieber Mensch, daß er nicht einen Moment zögerte, Béla zu helfen. Da Henday, wo er Soria traf, noch zu Frankreich gehörte, mußte er jedoch weiter. Er fuhr dann mit seinem Wagen nach Lissabon, wo er bei den Jesuiten unterkam. Ich hatte in Paris eine Verbindung zu den Jesuiten und konnte ihm so ein gutes Empfehlungsschreiben vom Jesuitenpfarrer aus Paris verschaffen. So, dachte ich, bekäme er eine Aufenthaltsgenehmigung in Lissabon. Doch die Lissabonner Behörden, wo er um die Aufenthaltsgenehmigung ersuchte und das Empfehlungsschreiben präsentiert hatte, reagierten nicht mit Wohlwollen, sondern mißtrauisch. Die Portugiesen hatten zu den Jesuiten keinen guten Draht, und so wies man meinen Bruder aus Lissabon aus. Er kam dann nach Barcelona, wo man ihm eine Aufenthaltsgenehmigung gewährte. Er bekam eine Stellung, wo, erinnere

ich mich nicht mehr, und konnte später sogar seine Frau Barbara aus Budapest nach Barcelona holen.
Meine Schwester war die einzige, die mit meinen Eltern in Budapest blieb. Sie war einige Zeit bei nichtjüdischen Freunden versteckt. Auch meine Eltern bekamen Schutz durch Freunde, die Urchristen waren. Kurz vor Ende des Krieges fielen Sie aber doch noch in die Hände der Nazis und wurden interniert. Durch einen gnädigen Wächter, der ein Auge zudrückte, konnten sie aber schnell wieder entkommen. Was sonst mit ihnen geschehen wäre, weiß nur der liebe Gott. Sie waren zwar wie ich und fast alle unsere Freunde getauft, doch nach Hitlers Rassengesetzen waren wir alle Juden. Nach dem Krieg, als ich dann wieder zurück in Paris war, brachte ich meine Eltern aus dem mittlerweile kommunistischen Budapest heraus nach Zürich, wo sie den Rest ihres Lebens in Wohlstand verbrachten dank meiner Erfolge als Börsianer. Unser Familienunternehmen war natürlich im Krieg und durch die Sowjetisierung Ungarns verlorengegangen, und die Inflation hatte auch das Barvermögen meiner Eltern vernichtet. Deshalb rate ich jungen Ehepaaren, wenn sie mich nach der besten Geldanlage fragen, sie sollen ihr Geld in die Ausbildung der Kinder investieren. Ich bin der lebende Beweis dafür, wie nützlich es sein kann. Und ich habe

nach dem Krieg nicht nur meine Eltern, sondern auch meine Brüder unterstützt. Deshalb antwortete ich auf die Frage, ob mein Sohn, wenn ich einen hätte, Börsianer werden sollte, immer eindeutig mit »Nein«. Mein erster Sohn müßte unbedingt Musiker werden, der zweite Maler oder Bildhauer, der dritte Schriftsteller oder zumindest Journalist und der vierte unbedingt Börsianer, um die anderen zu ernähren.
Also, meine direkten Familienangehörigen waren alle dem Holocaust entkommen. Im weiter gefaßten Familienkreis hatten aber auch wir einige Opfer. Alle meine Vettern, die während des Krieges in Budapest waren, wurden, wie so viele Budapester Juden, erschossen und in die Donau geworfen. Ich erfuhr es natürlich erst nach dem Krieg. Während des Krieges hörte man in Amerika zwar von solchen Greueltaten, doch ich glaubte es nicht. Es wird ja heute noch viel darüber diskutiert, ob man wußte, was geschah oder nicht. Und aus der eigenen Erfahrung muß ich sagen, daß viele es wirklich nicht glauben konnten. Ich erinnere mich, daß ich mit meiner ersten Frau damals im Kino war, wo man Fotos von den Konzentrationslagern zeigte. Ich habe zu meiner Frau gesagt: »Das ist alles Propaganda.« Ich konnte mir nicht vorstellen, daß die Deutschen, die ich doch als Kulturvolk liebengelernt hatte, solche Greueltaten begingen. Mei-

ne Frau aber, die Arierin war, glaubte es vorbehaltlos. Später erfuhren wir, daß alles noch viel schlimmer gewesen war als die Bilder, die wir gesehen hatten.
Da wurde mir im vollen Ausmaß klar, welches Glück ich gehabt hatte. Während meiner Emigration war ich mir dessen nicht bewußt. Ich fühlte mich auch als Opfer.

Nachdem das Passagierschiff, mit dem ich von Vigo nach New York fuhr, abgelegt hatte, schaute ich so lange zum Festland, bis es am Horizont verschwand. »Werde ich je wieder zurückkehren?« war mein einziger Gedanke. Daß mich die vielleicht schönste Zeit meines Lebens erwartete, ahnte ich nicht. Schon die Überfahrt war sehr amüsant. Mit auf dem Schiff waren der große ungarische Maler Marcel Vertes und der Komponist Paul Abraham. Außerdem lernte ich den ehemaligen Mann der Woolworth-Erbin Barbara Hutton kennen. Die Überfahrt dauerte drei Wochen. Zwischendurch waren wir drei Tage in Havanna. Nachdem ich von Bord gegangen war, kamen junge Leute zu mir und wollten ein Autogramm haben. Heute werde ich auch manchmal darum gebeten. Ich lehne es eigentlich ab, weil ich doch kein Künstler, kein Musiker bin. Die jungen Leute in Havanna dachten aber genau dies. Sie hielten mich für André Kostelanez,

einen sehr berühmten Dirigenten der damaligen jungen halbklassischen Musik. Dann kam ich in New York an. Insgesamt hatte meine Reise, Flucht wäre geprotzt, zwei Monate gedauert. Mein Englisch war nicht perfekt, aber ich kam zurecht, da ich in Paris schon immer die englische Presse gelesen hatte. Ein guter Freund, Baron Felix von Gerlitzy, hatte von einem meiner ehemaligen Kunden, Marquis Nicolai de Villeroy, erfahren, daß ich auf dem Schiff war. Dieser Marquis de Villeroy war der Onkel von Monsieur von Boch, der die Porzellanfirma Villeroy & Boch gegründet hat.
Gerlitzy holte mich am Hafen in Brooklyn ab. Er hatte bereits vor mir Frankreich verlassen müssen, nicht wegen der Nazis, sondern aufgrund einer Anordnung der französischen Polizei. Er war hundertprozentiger Homosexueller, obwohl er zwei Kinder hatte. In Nizza besaß er eine wunderbare Villa. Frankreich bereitete sich bereits auf den Krieg vor, und ein Schiff der Marine hatte im Hafen von Nizza angelegt. Baron Gerlitzy wollte einen Matrosen aufgabeln und sprach einen gutaussehenden von ihnen an. Über viele Dinge fragte er den jungen Matrosen aus, der dies aber völlig falsch verstand, in eine Panik geriet, zu seinem Vorgesetzten lief und meinen Freund in eine mißliche Lage brachte. Man hielt ihn für einen Spion, und so konnte er nichts weiter als

die Wahrheit sagen. Die Hafenpolizei glaubte ihm die Geschichte, ordnete aber an, er müsse innerhalb von einer Woche Frankreich verlassen. So kam der Baron Gerlitzy nach Amerika. Während wir mit dem Taxi Richtung Uptown fuhren, erklärte er mir ein paar wichtige Dinge. Ich sollte vor allem darauf achten, in die richtige Clique zu kommen und nicht mit den falschen Leuten zu verkehren.

Sie waren aber sicher in einer sehr guten Clique. Nichtjuden behaupten ja immer, die Juden hängen zusammen, und die Nichtungarn behaupten, die Ungarn hängen alle zusammen. Sie waren in einer jüdisch-ungarischen Clique, also in der Clique der Cliquen.

Schon wahr, aber im Hinblick auf den Rat meines Freundes stellte sich mir bereits am ersten Tag ein Problem. Gerlitzy hatte mich außerdem noch gefragt, ob ich einen Serge Rubinstein kenne. Ich sagte: »Natürlich kenne ich ihn.« – »So?« war die erstaunte Antwort. »Der führt hier ein großes Leben, ist aber nicht besonders angesehen, denn niemand weiß, woher sein Vermögen stammt.« Ich wußte es. Ich kannte Rubinstein noch aus Paris. Beliebt war er auch dort nicht besonders,

da er ein häßliches Geschäft betrieb, mit dem er dafür um so mehr Geld verdiente. Als Aktionär der Banque Franco-Asiatique hatte er Einblick in gewisse russische Konten. Irgendwie hat er die Besitzer dieser auf den Konten schlummernden Gelder aufgespürt und ihnen gegen eine Provision verraten, wie sie an ihr Geld kommen konnten. Dieses Geschäft war in den Kreisen der Geldgeschäftsleute verachtet. Später wurde er aus einem mir nicht genau bekannten Grunde aus Frankreich ausgewiesen. Daraufhin ging er nach Japan. Dort erwarb er die Kontrolle über die Goldmine Chosen Corporation, die er hemmungslos plünderte.
»Du solltest dich lieber von ihm fernhalten, wenn du in guten Kreisen in New York verkehren willst«, riet mir Gerlitzy. Meine erste Nacht verbrachte ich im Hotel St. Moritz, dem einzigen Hotel, wo Josephine Baker, obwohl sie ein großer Star war, ein Zimmer bekam. In den anderen konnten Schwarze unter keinen Umständen absteigen. Am selben Abend ging ich noch in die Bar vom Hotel Pierre, wo ich am nächsten Tag ein Zimmer beziehen sollte. Und wer sitzt neben mir? Serge Rubinstein. Ich dachte, was soll ich tun? Ihn kennen oder nicht kennen, war die Frage. Es war zwar keine schöne Geste, wenn ich ihn verleugnete, doch ich war gerade in New York angekommen und war

durch den eindringlichen Rat meines Freundes Gerlitzy in Panik.
Rubinstein erkannte mich sofort. »Grüß Gott, Kostolany«, sagte er zu mir. »Erkennst du mich nicht?« Ich sagte: »Nein.« – »Ich bin Serge Rubinstein. Du bist der André Kostolany und hast in Paris einen ungarischen Paß gehabt.« Mir war sehr schnell klar, daß es zwecklos war, und ich sagte: »Was heißt ungarischen Paß. Ich bin doch Ungar!« Und so setzte ich mich über den Rat meines Freundes Gerlitzy hinweg und verkehrte mit ihm. Ich war wenig später auf seiner Einweihungsparty eingeladen. Er hatte das Palais des berühmten Bankers Jules Bache auf der Fifth Avenue gekauft. Die New Yorker Gesellschaft regte sich zwar wahnsinnig darüber auf, doch sie kamen alle zu der Party.
Nachdem Amerika in den Krieg eingetreten war, wurde Serge Rubinstein zur Armee einberufen. Er war zehn Jahre jünger als ich und hatte nach mehrmaligen Wechseln der Staatsbürgerschaft vor seiner Einbürgerung einen portugiesischen Paß (aus Macao) gehabt. Da Portugal neutral war, konnte er sich nicht auf die Klausel berufen, nicht gegen die eigenen Landsleute kämpfen zu wollen. Ich hätte durch diese Regelung ganz legal vom Wehrdienst zurücktreten können, da Ungarn später auf deutscher Seite kämpfte. Ich nahm mein Recht aber nicht in Anspruch, wurde

aufgrund meines Alters jedoch nicht mehr einberufen. Serge war nicht zu alt. Deshalb versuchte er sich durch einen anderen Trick seiner Pflicht zu entziehen. Er war Aktionär von verschiedenen Rüstungsfirmen und ließ sich durch die Beziehungen zu den Vorständen bescheinigen, er sei ein wichtiger Mitarbeiter.

Ich traf ihn damals in Lake Placid während eines Skiurlaubs, als die zunächst genehmigte Rückstellung vom Wehrdienst aufgehoben wurde. Ich nahm ihn zur Seite und sagte: »Serge, wie kannst du nur so etwas machen? Das wird doch schlecht enden.« Er lachte mich aus und sagte, ich sähe doch, es passiere nichts. Zwei Monate später stand die Staatsanwaltschaft vor der Tür und verhaftete ihn wegen falscher Angaben bei seinem Rückstellungsantrag. Man sperrte ihn für zwei Jahre ins Gefängnis, was für die Presse ein gefundenes Fressen war. Sie sah mit Schadenfreude zu, wie der hergelaufene Rubinstein, der die großen Feste gegeben, das Palais von Bache gekauft und groß Baccara gespielt hatte, nun hinter Gitter wanderte.

Nachdem er aus dem Gefängnis gekommen war, wurde er zur Deportation verurteilt, doch man gewährte ihm immer wieder befristeten Aufenthalt, so daß er letztlich in den Vereinigten Staaten bleiben konnte. Sein Vermögen war natürlich noch immer bedeutend. Außerdem hatte er zwei Töch-

ter aus einer Ehe mit einem Mannequin, die ihn jedoch verlassen hatte, während er inhaftiert war.
Für mich war klar, ich mußte ihn sofort besuchen und mich mit ihm öffentlich zeigen, damit er wußte, ich machte mir nichts aus dem Getratsche. Denn die ganze Gesellschaft boykottierte ihn.
Eines Tages fand man meinen Freund Rubinstein in seinem Palais, kastriert und brutal zugerichtet. Die Mörder fand man nie, die Art und Weise, wie er ermordet wurde, sprach aber klar dafür, daß es Mazedonier gewesen waren. Denn in Mazedonien war es üblich, den Mann zu kastrieren, der die Frau oder Geliebte eines anderen verführt hatte. Diese Theorie machte im Fall Rubinstein durchaus Sinn, denn er hatte eine fürchterliche Angewohnheit. Er versuchte, jede Frau zu verführen, die nicht frei war. Er wollte sich beweisen, daß er durch sein Geld in der Lage war, anderen die Frauen wegzunehmen. Freie Damen haben ihn nicht interessiert.
Serge Rubinstein hatte sicher schlechte Eigenschaften, aber er war eigentlich ein netter Kerl und nicht so ein Monster, wie ihn die Presse immer dargestellt hat. Nur die Frauen haben ihn trotz der miesen Kampagnen verteidigt. Vielleicht weil er ein Kavalier und guter Liebhaber war. Seinen zwei Töchtern hinterließ er damals fünfzehn Millionen Dollar.

Meine Freundschaft zu Rubinstein verhinderte aber dennoch nicht, daß ich die richtigen Leute kennenlernte. Es lebten sehr viele ungarische Emigranten in New York. So war es nicht so schmerzhaft, daß ich die alte Heimat nicht besuchen konnte. Ich traf mich mit meinen Freunden täglich in der Halle des Hotels Pierre, wo ich für hundert Dollar pro Monat ein Zimmer gemietet hatte.

Jetzt zahlen Sie 400 Dollar pro Nacht.

Richtig, keine Statistik kann die schleichende Inflation so gut ausdrücken wie diese Beispiele. Ein anderer Inflationsindikator sind die Bettler. Nach dem Krieg fragten sie noch: »Can you spare a Nickel?« Später gaben sie sich nur noch mit einem Dime (zehn Cent) zufrieden, noch später sogar nur noch mit einem Quarter (fünfundzwanzig Cent). Und heute muß es gleich ein ganzes Greenback sein. Die ungarische Clique, in der ich verkehrte, hatte auch einige prominente Mitglieder. Der wichtigste unter ihnen war zweifellos der Schriftsteller Ferenc Molnár. Der *New Yorker,* ein sehr berühmtes literarisches Magazin, hatte ihm ein Porträt in drei Teilen gewidmet. Alle wollten ihn kennenlernen. Weil Molnár das wußte, war er sehr abweisend und schüchtern. Der einzige, der nicht versuchte, mit ihm ins Gespräch zu kommen, war ich. Nicht etwa, daß ich seine Stücke nicht geschätzt hätte, nein, ganz im Gegenteil. Meine Zurückhaltung rührte aus einem Erlebnis, das ich mit ihm schon viel früher in Paris gehabt hatte. Vis-à-vis der Börse in Paris waren Kaffeehäuser, links eins und rechts eins. Eines Tages ging ich wie jeden Tag in das linke Kaffeehaus zu meinen Spezies, die keinen Zutritt zum Parkett hatten. Und da sah ich von der Terrasse den Molnár im rechten Kaffeehaus sitzen. Ich kannte ihn persönlich nicht. Am nächsten Tag saß er wieder dort und am Tag danach auch wieder. Da wurde ich neugierig und fragte mich, was macht der Molnár im Börsencafé? Ich ging zu ihm hinüber und begrüßte ihn. Er reagierte erschrocken, daß ihn ein Ungar ansprach, und wies mich sofort ab. Wahrscheinlich dachte er, ich wolle ihn anpumpen. Molnár war nämlich ausgesprochen geizig. In Karlsbad trat einmal ein Mann auf ihn zu und sagte: »Herr Molnár, ich heiße Kovacs und bin pleite, könnten Sie mich nicht etwas unterstützen? Molnár griff, ohne zu zögern, in seine Tasche und gab ihm hundert Kronen, was heute zehn Mark bedeuten würde. »Was«, sagte höhnisch der Schnorrer, »ein Molnár gibt hundert Kronen?« – »Nein«, antwortete Molnár, »einem Kovacs gibt man hundert Kronen.« Ich weiß aber, daß er Freunde

im geheimen unterstützt hat. In Paris hatte ich ihn nicht kennengelernt.
Geläutert durch diese Erfahrung, sprach ich ihn in New York nicht an, obwohl wir im gleichen Hotel wohnten. Oft begegneten wir uns im Lift. Ich begrüßte seine Frau, mit der er dort lebte, immer sehr höflich und nett, doch ihn ignorierte ich. Es sah fast so aus, als würde ich ihn snobben. Wo ich konnte, ging ich ihm aus dem Weg, denn ich dachte, er will niemanden kennenlernen. Ein Freund erzählte mir einmal, daß er, immer wenn Leute sich mit ihm befreunden wollten, zur Antwort gab: »Mein Bedarf an Freunden und Bekannten ist gedeckt.«
Einmal hatte Ferenc Molnár eine Debatte mit einem gemeinsamen Freund. Sie saßen bei ihm und debattierten. Molnár behauptete, eine gewisse Sache sei schlicht nicht möglich, mein Freund behauptete genau das Gegenteil, doch, sie sei möglich. »Nein, nein«, wiederholte Molnár, und »Ja, ja«, antwortete der Freund. Molnár fragte irgendwann nach. »Woher weißt du so sicher, daß du recht hast?« – »Der Kostolany sagt es!« Molnár schwieg. Man erzählte mir später davon, und so wußte ich, daß er mich durchaus zur Kenntnis genommen hatte.
Einen Sommer machte ich Ferien in Lake Placid. Ich hatte dort eine Wohnung zusammen mit meinem alten Freund Laci Boros gemietet, der mich

auf der Reise begleitete. Boros war mit Molnár befreundet, der zufällig zur gleichen Zeit in Lake Placid Urlaub machte. Er traf sich dort regelmäßig mit Molnár, und so erzählte er dem Molnár von mir, und mir erzählte er von Molnár. Der Molnár sagt das und das, und umgekehrt, der Kostolany erzählt das. Einmal sagte Molnár dann zu meinem Freund Boros: »Also richte dem Kostolany aus, ich bin einverstanden mit ihm, aber warum grüßt er mich nicht?« – »Molnár beklagt sich, du grüßt ihn nicht«, sagte Boros zu mir. »Sag ihm, ich hätte ihn nicht erkannt«, beauftragte ich meinen Freund.

»Nicht erkannt?« fragte Molnár ungläubig. Wenige Tage später begegneten wir uns auf der Straße, und es war eine Situation, in der man sich nicht mehr aus dem Weg gehen konnte. Ich kam mit Boros, der uns dann vorstellte. Und dann sagte Molnár, als er mir die Hand gab: »Endlich haben wir uns kennengelernt.« Später sind wir dann in New York von Zeit zu Zeit essen gegangen. Er schätzte meinen Sachverstand in Börsen- und Wirtschaftsfragen. Obwohl er von der Börse nichts verstand, gab er die treffendste Definition für den Baissespekulanten: einer, der sich selbst eine Grube gräbt, in die andere hereinfallen. (Den Esprit dieses Satzes können nur die Vollblutprofis verstehen.)

Ein weiteres kleines, aber sehr beredtes Zeichen,

wie hoch er mich schätzte, war, daß er – wiewohl als Geizhals verschrien – mich oft in sein Stammrestaurant zum Lunch einlud. Und jedesmal betonte er bei dem Kellner: »One check please!« (Bitte eine gemeinsame Rechnung!) Molnárs Dauerauftrag an das Restaurant war nämlich sonst: »Wenn ich mit jemandem speise, bitte getrennte Rechnung!«
So verbrachte ich meine Zeit im Restaurant, im Kaffeehaus, auf Partys, die New Yorker wandeln ja von Party zu Party.

Aber Sie haben in Amerika nicht nur Partys gefeiert. Sie waren Emigrant, aus Europa geflüchtet wegen der bevorstehenden zu erwartenden Verfolgung. Wie haben Sie sich über Wasser gehalten?

Ich war ja sehr vermögend. Glücklicherweise hatte ich mein Vermögen bereits vor meiner Emigration nach Amerika überwiesen. Als ich dort ankam, waren auf meinem Bankkonto bei der Garant-Trust bereits 200 000 Dollar. 100 000 übertrug ich dann sofort auf die Irving-Trust-Bank, denn den Direktor hatte ich persönlich kennengelernt. Den Scheck habe ich eingerahmt in meiner Wohnung.

Nur ein paar Dollarbonds, die mit Kredit belastet waren, blieben bei der Pariser Privatbank Lehideu Co.

Interessanterweise erhielt ich später nach Amerika einen Brief, in dem man mich fragte, ob ich Jude sei, denn es war Vorschrift der deutschen Besatzungsmacht, die jüdischen Konten zu konfiszieren. Ich antwortete mit einem sehr strengen Brief, in dem ich schrieb: »Ich mache Sie darauf aufmerksam: Ich bin römisch-katholisch und im Besitz der amerikanischen Bürgerpapiere«, was zum damaligen Zeitpunkt zwar noch nicht stimmte, aber durch die Bankiers nicht nachzuprüfen war. »Sollten Sie meine Bonds ausliefern oder einlösen, werde ich Sie eines Tages dafür verantwortlich machen.« Die Banker waren erschrocken und teilten den deutschen Behörden mit, daß ich kein Jude sei, was auch stimmte, denn nach ungarischem Gesetz war ich es nicht.

Als ich nach dem Krieg wieder nach Paris kam, konnte ich die Anleihen in Dollar tauschen und den Kredit, der durch die Franc-Entwertung total zusammengeschrumpft war, mit einem Bruchteil des Erlöses zurückzahlen. Der Profit war immens.

Das Wievielfache wären Ihre 200 000 Dollar von damals nach heutiger Kaufkraft?

Ich taxiere es plus weitere 50 000 Dollar, die ich hatte, auf das rund Zwanzigfache. Finanziell hatte ich keine Sorgen. Zunächst wollte ich auch nichts machen. Ich wollte als Playboy leben, im seriösen Sinne des Wortes. In Amerika gab es doch viel anzusehen und zu studieren. Natürlich machte ich auch eine Amerikarundreise von Nord nach Süd und vom Osten in den Westen. Die großen Städte habe ich mir alle angesehen, vor allem Hollywood, wo viele Ungarn im Filmgeschäft waren und heute noch sind.

Haben Sie jemals versucht, eine selbständige Wirtschaftstätigkeit aufzubauen?

Ich war natürlich weiterhin Spekulant, spekulierte in Aktien und Rohstoffen, auf Kasse und Termin. Doch nachdem ich mir Amerika angesehen und das Leben ohne Verpflichtungen ausgekostet hatte, wollte ich irgend etwas tun. Außerdem wird man in den USA von dem einen oder anderen schief angesehen, wenn man nicht einer Arbeit im bürgerlichen Sinne nachgeht. Ich bewarb mich daraufhin bei mehreren Brokerhäusern. Der Gedanke, eine Visitenkarte mit einer Wall-Street-Adresse zu haben, reizte mich außerdem. Ich malte mir schon aus, wie ich bei meinen zukünftigen Chefs im Einstellungsgespräch brillieren würde. Sie würden nicht nur über mein theoretisches Wissen erstaunt sein, sondern gleich eine ganze Disputation über die Börsenspekulation zu hören bekommen. Meine Erwartungen wurden jedoch jäh enttäuscht. Ich erhielt nur Absagen. Später erfuhr ich auch, warum, denn bei der weltbekannten Investmentbank Goldman, Sachs & Co. bekam ich durch meine Verbindung zum Seniorchef Sachs doch ein Vorstellungsgespräch. Ich kannte den Seniorchef durch seine Frau, die mit meiner späteren Frau befreundet war. Er bat mich, zu ihm heraufzukommen, und war nach unserem Gespräch auch bereit, mich einzustellen, doch der Personalchef legte sein Veto ein. Später erfuhr ich vom Herrn Sachs den Grund für seine Ablehnung. Ich hatte in meinen Bewerbungsschreiben an alle Firmen angegeben, ich sei finanziell unabhängig. Solche Leute wollte man nicht haben. Sie suchten hungrige Mitarbeiter, die Kunden akquirieren und Provisionen produzieren mußten, um ihren Lebensunterhalt zu bestreiten. Bei mir vermuteten sie, ich würde große Vorträge über die Börse halten, aber kein »big producer« werden. Sie hatten die Situation richtig beurteilt. Den Begriff »producer« kannte ich bisher nur für Filmemacher aus Hollywood. Daß Börsenmakler auch »producer« sein können, wußte ich bis dahin nicht. So hatte ich bei meiner erfolglosen Bewerbung wenigstens etwas gelernt.

Doch ich gab nicht auf. Ich dachte, wenn mir mein Börsenwissen nicht zu einer Stellung verhelfen kann, dann vielleicht mein anderes Steckenpferd: die Musik. Es gab in Manhattan ein wunderbares Grammophongeschäft. Ich hatte damals schon eine riesige Plattensammlung, die ich heute noch besitze. Wenn ich sie hintereinander auflegen würde, könnte ich eine Woche ununterbrochen spielen. Ich dachte mir, in das Geschäft kommen sicher viele hübsche Frauen, denen ich Platten verkaufen und den Hof machen kann. Doch auch dort nahm man mich nicht.

Etwas später gründete ich mit ungarischen Freunden eine Firma. Sie war eine der wenigen Investments meines Leben außerhalb des mir vertrauten Börsengeschäftes. Die Firma hieß Josef Ballay & Company und war auf das Factoring von Buchforderungen spezialisiert. Das Büro war am Hannover Square, ganz in der Nähe der Wall Street. Ich war im Prinzip nur der Geldgeber, während die anderen das Geschäft machten. Ich wickelte aus dem Büro meine privaten Angelegenheiten ab, eine dauerhafte Beschäftigung hatte

ich auch hier nicht. Meistens verließ ich das Büro morgens um 11.00 Uhr schon wieder. Dann hatte ich mein tägliches Rendezvous mit einem italienischen Schuhputzer. Ich debattierte mit ihm über die Weltpolitik, anschließend ging ich ins Kino, um Frank Sinatra zu sehen. Natürlich war ich auch ständiger Besucher der Oper, des Theaters und von Kunstausstellungen.
Ein Luxus für uns Männer war der Überschuß an Frauen. Viele Männer waren eingezogen worden und kämpften an der Front. Die Konkurrenz war deshalb gering.
Auch ich profitierte davon und lernte meine erste Frau, eine Wienerin, kennen. Sie hatte bereits die amerikanische Staatsbürgerschaft, weil sie zuvor mit einem Amerikaner verheiratet war. Und so wurde auch ich nach der Heirat mit ihr amerikanischer Staatsbürger. Fortan besuchte ich mit ihr die Oper und das Theater.

Das waren die Leiden eines reichen jungen Mannes. Warum sind Sie dann nach Ende des Zweiten Weltkrieges wieder nach Europa zurückgegangen?

Gut, ich muß mich korrigieren, absolut sorgenfrei war mein Leben in New York nicht. Eine Sorge hatten wir Emigranten alle: Wie wird der

Krieg ausgehen? In Amerika fühlten wir uns sicher, es erschien unwahrscheinlich, daß Hitler auch hier einmarschieren würde. Doch was war mit Europa, war unsere bange Frage. So schön, wie es in New York war, wir vermißten die Heimat. Eine Anekdote, die man sich damals erzählte, handelte vom Wiener Flüchtling Grün, der in New York lebt. Ein Kollege stellt ihm die Frage: »Are you happy in America?« – »Happy schon« war die melancholische Antwort, »aber glücklich bin ich nicht.« Unter »happy« verstand Grün die persönliche Sicherheit: daß er und sein Eigentum geschützt und respektiert würden. Aber für einen alten eingefleischten Europäer (Wiener, Franzose oder Ungar) ist das Leben in Amerika nicht dasselbe wie jenes, an das er gewöhnt ist und das er für glücklich gehalten hat. Es fehlte ihm die Atmosphäre, im Kaffeehaus zu sitzen und zu philosophieren, auf den Straßen zu flanieren, das Dolcefarniente. Würden wir je wieder in den Wiener, Pariser oder Budapester Kaffeehäusern sitzen?

Die Meinung war geteilt. Einige waren optimistisch, daß Amerika auf jeden Fall gewinnen würde, und andere hatten ihre Zweifel. Ich auch, wie ich Ihnen schon in Zusammenhang mit den Maßnahmen der Regierung erzählte. Mit dem Verzicht auf die Bundfalten bei Hosen wollte Amerika den Krieg gewinnen? Es gab damals

eine makabre Definition für den Pessimisten und den Optimisten: Der Pessimist ist in Amerika und der Optimist ist in Auschwitz. Ganz falsch war es ja nicht.
Ich war häufig in der 86. Straße, die man auch die deutsche Straße nannte, weil dort deutsche Buchhandlungen, Restaurants und Cafés waren, mit so bezeichnenden Namen wie Café Hindenburg und Café Lorelei. Es war auch ein deutsches Kino dort. Ich besuchte es schon zu einer Zeit, als Amerika noch nicht im Krieg war. Man konnte die Kriegsberichterstattung von der Ost- und der Westfront sehen. Es waren die deutschen Filme von der Front, die man auch in Deutschland in den Kinos zeigte, um das deutsche Volk für den Krieg zu motivieren. Nach meinem Kinobesuch war ich in Geigers Wiener Konditorei. An den meisten Tischen saßen Deutsche. Es waren zwar keine Nazis, aber zumindest deutsche Patrioten. Und ich hörte sie sagen: »Wir werden es den Engländern schon zeigen und den anderen sowieso und so weiter.« Ihr Selbstbewußtsein und ihre Siegessicherheit hinterließen Wirkung. Auch ich bekam Angst, Hitler könnte womöglich seine Wahnvorstellungen zur Wirklichkeit werden lassen. Wie weit er sie schon umgesetzt hatte, wußte ich ja nicht.
Ich hatte einen Freund namens Edward Pfeffer, der der beste Freund meines erwähnten Arbeit-

gebers und Freundes Adrien Perquel war. Pfeffer war einhundertprozentig homosexuell und erzählte mir immer von seinen Liebesabenteuern. Als er starb, setzte er mich als seinen Nachlaßverwalter ein. So lernte ich seine ganzen jungen Freunde kennen, denen er sein Vermögen vermacht hatte. Wenn Edward Pfeffer einmal nicht von seinen Abenteuern erzählte, diskutierten wir über die internationale Politik. Eines Tages versetzte er mich in Angst und Schrecken. »Wir (die Alliierten) sind verloren!« sagte er. »Warum?« fragte ich. »Die Deutschen haben eine Geheimwaffe, eine Massenvernichtungswaffe!« Er konnte nicht näher beschreiben, worum es sich drehte, Hitler sollte diese Waffe jedenfalls haben. Ich war stark beunruhigt. Vielleicht konnte ich nie mehr in die Heimat zurückkehren, oder am Ende würde Amerika noch von den Deutschen besetzt. Einige Wochen später war ich auf einer großen ungarischen Party und traf dort den ungarischen Professor John von Neumann, den Erfinder des Computers. Ich bin sogar um zwei Ecken mit ihm verwandt. Als wir einen Moment allein waren, erzählte ich ihm von den Prophezeiungen Pfeffers und der Wunderwaffe. Er lächelte und sagte: »Wir sind über alles informiert, und es besteht keine Gefahr.« Ich war wieder beruhigt. Denn ich wußte, daß er mit Leo Szilárd, Wigner, Edward Teller und der ganzen ungarischen Clique verkehrte, die die offiziellen Wissenschaftler und Berater von Roosevelt waren. Wie wir heute wissen, entwickelten sie damals schon mit Hochdruck die Atombombe.

Als der Krieg aus war, ging ein Jubel durch unsere Reihen. Kürzlich, zum fünfzigsten Jahrestag der Kapitulation am 8. Mai 1945, stellte mir eine Zeitung vier Fragen:
Wo waren Sie?
Am Times Square mit meiner Frau Hansi und Tausenden von anderen Menschen. Wir standen so dicht gedrängt, daß man nicht einmal tanzen konnte.
Was wollten Sie sofort eintauschen?
Das Porträt von Hitler, das ich gegen mein Heimweh immer vor Augen hatte.
Wen haben Sie bewundert und wen gehaßt?
Bewundert Churchill noch mehr als Roosevelt und gehaßt – dreimal dürfen Sie raten!
Welchen Traum hatten Sie?
Ich sitze in Berlin im Café Dobrin, und während ich die Zeitung hinlege und die jüdische Rundschau beendet habe, kommt ein gebeugter alter Mann mit Bart in Lumpen an meinen Tisch. Ich erkenne ihn. Er ist abgemagert und total heruntergekommen. Untertänig fragt er mich, indem er auf die jüdische Rundschau sieht: »Entschuldigen Sie, gnädiger Herr, ist die Zeitung jetzt frei?« – »Ja«, sage ich, »aber nix für Ihnen, Herr Hitler.«

Die ganze Nacht waren wir am Times Square. Ganz New York war auf den Straßen und feierte den Sieg über Hitler. Fest stand für mich an diesem Abend aber auch: Ich gehe zurück nach Paris. So sehr ich das Leben in New York auch genossen hatte, Paris war meine Heimat. Ich besuchte Europa das erstemal im Sommer 1946, denn direkt nach dem Krieg wollte ich noch nicht gehen. Nachdem ich in Paris angekommen war, fuhr ich zu meiner Wohnung, 53, Rue de Monceau. Ich erfuhr, daß sie von einem berühmten Starlet bewohnt war. Ich meldete mich zunächst nicht bei ihr, da ich sowieso noch nicht vorhatte, für immer zurückzukehren.
Den ersten Abend ging ich mit meiner Frau in das »Le Doyen«, ein wunderbares Restaurant. Dort hörte ich das erstemal Yves Montand, der dort »La mer« sang. Meine Reise führte mich von Paris in die Schweiz. Ich hatte von Molnár den Auftrag, ihm genau die Wirtschaftssituation in Europa zu schildern. Ich schrieb ihm sofort, nachdem ich mir ein Bild gemacht hatte.
In Frankreich ist wahnsinnig viel Geld, aber überhaupt keine Ware. In Italien viel Ware, aber überhaupt kein Geld. In der Schweiz viel Ware und viel Geld und in Deutschland keine Ware und kein Geld. Damit war die ganze Lage beschrieben. In Frankreich hatten die Deutschen alles mitgenommen, so war nur der Franc noch

da, der sich natürlich entwertete. Die Italiener hatten ihre Waren versteckt und nach dem Krieg wieder hervorgeholt. Die Regierung machte eine Deflationspolitik, so daß jedoch kein Geld da war. Die Schweiz war durch ihre Neutralität von allem verschont geblieben, na ja, und Deutschland war der Scheiterhaufen.

Als ich nach New York zurückkam, äußerte sich Molnár zufrieden über meinen Lagebericht.

Besonders interessant war die Situation nach dem Krieg in Frankreich. Meine Dollars, die ich aus Amerika mitgebracht hatte, tauschte ich natürlich schwarz. Offiziell war der Kurs 50 Franc für einen Dollar, schwarz jedoch 500. Natürlich verkaufte kein Mensch Dollars offiziell. Es gab in den großen Restaurants und Hotels nichts Anständiges zu essen. Im Hotel Crillon, wo ich wohnte, bekam man zum Frühstück nicht einmal Kaffee.

So entstanden schwarze Restaurants, wo man hingegen alles haben konnte. Eine Speisekarte bekam man natürlich nicht, der Chef kam zum Tisch und erzählte, was er hatte, alles natürlich zu Schwarzmarktpreisen.

Also verkaufte ich meine Dollars schwarz, ging in das schwarze Restaurant, bestellte schwarze Gerichte und bezahlte mit schwarzem Geld die schwarzen Preise. Der Wirt hat mit dem schwarzen Geld die schwarze Ware von dem Schwarzhändler auf dem Schwarzmarkt gekauft. Die Schwarzhändler hatten genügend Geld, um die Kontrolleure zu bestechen, die dann wiederum auch Schwarzgeld hatten, um selbst schwarz einzukaufen. Alles war schwarz, aber der Handel lief wie geschmiert, nicht zuletzt aufgrund der französischen Mentalität.

Aus dieser Erfahrung bin ich zu der Überzeugung gelangt, daß man den Schwarzhandel in den ehemaligen Ostblockstaaten nicht verurteilen und bekämpfen soll. Aus dem Schwarzmarkt wird irgendwann die offizielle Marktwirtschaft.

1948 zog ich dann zurück nach Paris. Das Leben hatte sich weitgehend normalisiert.

Was haben Sie dann in Europa angefangen? Die Börsen waren doch sicher geschlossen?

Ich stürzte mich auf ein interessantes Spekulationsvehikel: Goldminen.

Die Franzosen hatten panische Angst gehabt, ihr Hab und Gut an die deutsche Besatzungsmacht zu verlieren. Der Schutzinstinkt, der dem einzelnen eingibt, bei drohender Gefahr zuerst sich selbst und gleich danach sein Hab und Gut zu verbergen, hatte den französischen Sparern befohlen, ihre Wertpapiere in Sicherheit zu brin-

gen. Vergraben unter Bäumen, versteckt auf dem Grund irgendwelcher trockengelegter Brunnenschächte oder auch verborgen in den Erdhöhlen eines uralten Waldes, so warteten die Zertifikate (hauptsächlich südafrikanische Goldminen-Aktien), bis sie in weniger schwierigen Zeiten wieder ans Tageslicht kommen konnten. Nach den Erfahrungen des Krieges gab es für Monsieur Martin und Madame Dupont mehr denn je nur einen einfachen Zufluchtsort, nur einen einzigen sicheren Hafen, wo ihr Vermögen kommende Stürme überstehen könnte: im Gold. Nicht in Franken, nicht in Dollar, nur in purem Gold, in Barren oder Napoleon-Münzen (für die Franzosen damals das, was heute für die Deutschen der Krüger-Rand ist). Man mußte sich also dieser Papiere, die im Dornröschenschlaf lagen, entledigen und diese vielen Tonnen Papier in wirkliches gelbes Metall umtauschen.
Wieder einmal wirkte das Fluidum des Goldes, von dem jedermann glaubt, daß es den Menschen vor allen Mißlichkeiten beschütze. In den tiefsten Tiefen der Geldschränke sollten die guten Goldbarren oder Münzen die Goldminen-Aktien ersetzen. Einer meiner Börsenkollegen, der sich auf Arbitragegeschäfte – Spekulation im Raum und nicht in der Zeit – spezialisiert hatte, schickte die Papiere durch fünf Länder, erhielt mehrmals gesperrte Valuten, bis er am Ende doppelt

so viele Dollars erlöste, wie er eingesetzt hatte. Der Hintergrund dieses Geschäftes war folgender: Das französische Publikum wollte sich seiner Goldminen-Aktien entledigen und war auf das gelbe Metall versessen. Also wurden die Aktien zu Spottpreisen verschleudert, und für Gold in Münzen und Barren wurden überhöhte Preise gezahlt. Diesen Unterschied machte sich Lacy Kux zunutze. Ich unterstützte ihn dabei und hängte mich selbst natürlich auch an das Geschäft dran.

Doch eine andere Investition direkt nach dem Krieg war für mich im nachhinein wichtiger. Ich erzähle davon, wenn ich etwas protzen will.

Ich kaufte 1946, bereits bevor ich meinen Wohnsitz schon wieder verlegt hatte, deutsche Anleihen in US-Dollar, britischem Pfund, Schweizer Franken und so weiter. Unter ihnen befand sich auch die sogenannte fünfeinhalbprozentige Young-Anleihe von 1930 in französischer Währung. Der Kurs betrug 1946 ein Viertel des Nominalwertes von tausend Franc.

Wie kamen Sie 1946 auf den aberwitzigen Gedanken, daß das Deutsche Reich oder der Rechtsnachfolger des Deutschen Reiches je wieder zahlungsfähig würde?

Ich war davon überzeugt, Deutschland werde wieder auf die Beine kommen. Die Häuser und Fabriken waren zwar zerstört, das Land glich einem Scheiterhaufen, doch die Tugenden wie Fleiß, Genauigkeit und Pünktlichkeit nicht. Der zweite Punkt war die Wahl Konrad Adenauers zum ersten Bundeskanzler. Auf ihn baute sich mein Vertrauen auf. Meine Hoffnung war, daß Adenauer, um die Kreditwürdigkeit und das Vertrauen in Deutschland wiederherzustellen, die Schulden zurückzahlen würde, nicht sofort, aber irgendwann. Ich verhielt mich so wie ein alter Börsenkollege, den ich in der Pause bei der Aufführung von *Tristan und Isolde* in Bayreuth traf und von dem ich nie erwartet hätte, daß er sich für Musik interessierte, schon gar nicht für eine so schwere Oper. »Was machen Sie hier?« fragte ich ihn. Seine Antwort war kurz, aber vielsagend: »Ich warte auf das Ende!«
Das wollte ich mit den Young-Anleihen auch tun. Meine Freunde, denen ich auch den Tip gegeben hatte, verkauften sie wieder, als die Kurse etwas zurückgingen. Da kaufte ich noch dazu.

Die Schweizer Banken, über die ich sie kaufte, lachten mich aus. »Die werden doch nie bezahlen«, sagten sie hämisch. Ihnen fehlte die Phantasie. Einstein hat es schon gesagt: »Phantasie ist wichtiger als Wissen!« An der Börse braucht man Phantasie und Geduld.
Nachdem sich bereits abgezeichnet hatte, daß es eine Regelung geben würde, begannen die Kurse natürlich zu steigen. Doch ich habe sie nicht verkauft, sondern darauf gewartet, daß sie zu 1000 Franc zurückgezahlt werden.

Und haben Sie sie bekommen?

Für eine Anleihe im Nominalwert von 1000 Franc, die ich für 250 gekauft habe, erhielt ich sage und schreibe 35 000 Franc. Wie das möglich war, werden Sie sich jetzt fragen.
Der Franc hatte sich während des Krieges extrem abgewertet. Adenauer, der bereits damals die Vision der deutsch-französischen Freundschaft hatte und sogar mit einem deutsch-französischen Bündnis rechnete, sagte: Ich kann nicht den Engländern gute Pfunde, den Amerikanern gute Dollars und den Franzosen schlechte Francs zurückbezahlen.« Er stellte die Inhaber der Anleihen daher so, als wären sie im Besitz einer auf Dollar lautenden Young-Anleihe gewesen.

Da mir diese Spekulation in so guter Erinnerung geblieben ist, habe ich vor einiger Zeit noch mal eine ähnliche gewagt. Wenn auch mehr zum Spaß, doch sie wirft mittlerweile schon einiges ab.

Nachdem Gorbatschow und Reagan sich zu mehreren Gipfeln getroffen hatten und die Entspannung zwischen den beiden Weltmächten deutlich geworden war, hatte ich die Vision, Gorbatschow würde eines Tages bei den Westmächten eine milliardenschwere Dollaranleihe plazieren wollen. Ich war mir sicher, dieser Kredit würde gewährt, doch nur unter der Bedingung, daß Rußland seine alten Schulden aus der Zarenzeit zumindest ordnete. (Französisches Gesetz.) Ich rief einen mir bekannten Agent de Change an, der diese sogenannten Non-Valeurs handelte, und bat ihn, mir alte zaristische Anleihen zu kaufen, aus der Zeit zwischen 1822 und 1910. Diese waren zwar noch mit geringem Umsatz an der Börse notiert, aber auf ein Viertel bis ein Prozent des Nominalwertes abgerutscht, nachdem Lenin 1917 verkündet hatte, daß die neue Sowjetregierung nicht für die Schulden des Zaren aufkomme. Wahrscheinlich sind viele Anleihen sogar bereits mit dem Altpapier auf dem Müll gelandet. Die ehemaligen Besitzer oder deren Erben dürfen sich ärgern. Am 29. Oktober 1991 erkannte Gorbatschow, damals noch Generalsekretär, bei einem Treffen in Paris mit François Mitterrand die Schulden offiziell an. Danach begann ein Handel in den alten Zarenanleihen. In der Spitze kletterten sie auf zwölf Prozent bzw. 60 Franc für eine Anleihe von 500 Franc Nominalwert. In den letzten Monaten findet so gut wie kein Handel mehr statt. Der Markt ist quasi leergefegt. Natürlich ist nicht mit einer vollständigen Rückzahlung *cash on the table* wie bei den Young-Anleihen zu rechnen, doch die Angelegenheit wird geregelt. Rußland mußte die Zusage vor der Aufnahme in den Europarat geben. Auf eine vollständige Rückzahlung habe ich auch nie spekuliert. Die Schulden sind erstens viel älter, und Deutschland war nach dem Krieg noch wesentlich potenter als Rußland heute. Aber warum sollten sie nicht zu einem stark reduzierten Kurs in neue Anleihen umgetauscht werden, die Zinsen zahlen. Oder vielleicht erhält man dafür irgendwann Aktien privatisierter russischer Unternehmen.

Einige werden sich jetzt vielleicht fragen, wie ich diese Vision haben konnte. Ich möchte mit einer Anekdote antworten. Als ich als junger Mann Auto fahren lernte, sagte mir mein Fahrlehrer: »Sie werden nie wirklich Auto fahren lernen!« – »Warum«, fragte ich entsetzt. »Weil Sie immer auf die Motorhaube schauen. Heben Sie den Kopf, und schauen Sie 300 Meter in die

Ferne.« Danach war ich ein anderer Mensch am Steuer. Den Volkswirten rate ich, ebenfalls den Kopf zu heben und in die Ferne zu schauen, anstatt unentwegt darüber zu diskutieren, ob das Wirtschaftswachstum im nächsten Jahr 3,2 oder 3,3 Prozent betragen wird. Denn ich möchte die Wette wagen, daß es keinen geschulten Volkswirt gibt, der das gleiche Abenteuer gewagt hat.

Nachdem ich damals die Young-Anleihe ausbezahlt bekommen hatte, ersteigerte ich in Genf ein katholisches Gebetbuch, nicht gedruckt, sondern graviert, schön gebunden und mit wunderbarem Buchschmuck. Ich bekam zwei Dankesbriefe. Einen von Adenauer persönlich und einen von der deutschen Botschaft.
Ich werde sehen, was man für die alten Zarenanleihen zurückbezahlt, vielleicht schenke ich dann Gorbatschow etwas.

Sie haben jetzt mehrfach das Wort »katholisch« verwendet. Sie selbst sind Katholik. Adenauer war Katholik. Wie steht es mit Ihrem Katholizismus? Nehmen Sie die Religion in Festigkeit und Glaubenstreue an?

Nein, ich bete hier und da in der Kirche, meine Eltern und Geschwister wurden katholisch begraben, aber ich bin nicht bigott.

Aber ein elementares Verhältnis zur Religion haben Sie?

Ich glaube an Gott, ja. Ich habe ein so glückliches Leben gehabt. Den größten Teil habe ich ja schon beschrieben. Immer wenn es gefährlich wurde, hat mich jemand gerettet. Ich war zwar einige Male pleite, doch der Herrgott hat mich immer wieder aufstehen lassen. Ein richtiger Börsianer ist ja ein Stehaufmännchen.

In den späteren Jahrzehnten Ihres Lebens haben Sie gewissermaßen einen völlig neuen Beruf ergriffen und sind Journalist geworden. Seit zweiunddreißig Jahren schreiben Sie die bekannteste und beliebteste Kolumne in dem Wirtschaftsmagazin Capital. Sie lassen nicht nach, selbst im Alter, wo andere sich Ruhe gönnen würden, tingeln Sie von Ort zu Ort, halten Vorträge und vertreten Ihr kapitalistisches Evangelium. Wie sind Sie dazu gekommen?

Das war im geheimen immer mein Lieblingsberuf. Ich studierte Philosophie und Kunstgeschichte, um später Feuilletonist zu werden. Warum nichts daraus wurde, habe ich erzählt. Später konnte ich mir meinen geheimen Berufswunsch dann aber doch noch verwirklichen. Obwohl ich auch zuvor schon hier und da als freier Autor für Zeitungen tätig war. Während meines Volontariats in Paris schrieb ich für vier verschiedene Zeitungen, die in Prag, Rumänien und Jugoslawien in ungarischer Sprache erschienen. Ich berichtete nicht über Finanzen, sondern ganz allgemein über Paris. In Paris passierte doch weltpolitisch sehr viel, was auch die Ungarn interessierte. Tätig war ich auch für eine Wiener Zeitung, wobei ich hier jedoch mehr als Überset-

zer für meinen Vetter Pallos fungierte, der die Artikel ungarisch schrieb und nicht so gut Deutsch konnte wie ich.
Vor dem Krieg betätigte ich mich wieder journalistisch, diesmal in Buchform. Es hieß *Suez – der Roman eines Unternehmens.* Die »Compagnie de Suez« war zur damaligen Zeit eine riesige Aktiengesellschaft. Entstanden war sie im 19. Jahrhundert als Finanzierungsgesellschaft des Suezkanals, so wie die Eurotunnel, die an der Londoner und Pariser Börse notiert ist, den Bau des Kanaltunnels finanzierte.
Ich hatte mit den Suez-Aktien bereits oft spekuliert, hielt ihren Kurs aber damals für dermaßen überteuert, daß ich es in einem Buch veröffentlichen wollte, was mir die Anzeige meines Börsenkollegen Armin Weinreb einbrachte.
Auch in New York schloß ich mich nebenberuflich der schreibenden Zunft an und schrieb hier und da für das altehrwürdige *Barrons.* Den Börsianern ist diese noch heute existierende Wochenzeitung als wichtige Informationsquelle bekannt.
Zurück in Paris, entstand ein weiteres Buch mit dem Titel *La Paix du Dollar.* Es war ein Plädoyer für die damalige amerikanische Außenpolitik, die – so meine in dem Buch geäußerte Ansicht – darauf ausgerichtet war, den Frieden im Mittleren Osten zu sichern. Amerika gab damals den

Israelis und den Arabern Geld, nur um den Frieden zu sichern. So kam der Titel *La Paix du Dollar* zustande. Ich erklärte, daß der Frieden auf einem geheimen Abkommen zwischen den USA und der Sowjetunion basiere, das so aussah, daß der eine die Interessen des jeweils anderen respektierte und auf militärische Mittel verzichtet wurde. Kurz nach dem Krieg funktionierte dieses Abkommen in der Tat ganz gut. Die erste große Belastungsprobe war der Koreakrieg. Dort stießen die beiden Staaten an der sogenannten achtundreißigsten Parallele zwischen Nord- und Südkorea aufeinander. Denn Nordkorea war sowjetisches und Südkorea amerikanisches Interessengebiet. Als die beiden Landeshälften sich im Krieg befanden und Amerika auf seiten der Südkoreaner die Nordkoreaner erfolgreich schlug, spekulierte man, ob die USA nun auch ganz Korea einnehmen würden. Zur gleichen Zeit gab es damals in Ungarn eine Gegenrevolution, wo man auch mit amerikanischer Hilfe rechnete. In beiden Fällen aber respektierte die Außenpolitik der USA die sowjetischen Interessen, um den Weltfrieden zu bewahren. Im Koreakrieg waren auch die Chinesen betroffen. Man dachte, wenn die Amerikaner ganz Korea besetzten, würden sie vielleicht auch eine China-Offensive starten. Ich war davon überzeugt, die Amerikaner würden es nicht tun. Während des

Koreakrieges rief mich mein Freund Louis Gesti an, er war auch Börsianer. »André«, sagte er, »es kommt eine Nachricht, daß amerikanische Flugzeuge China bombardiert haben.« – »Das glaube ich nicht«, gab ich ihm – meiner Überzeugung treu – zur Antwort. »Es steht auf dem Ticker«, sagte er. Ich bat ihn, mir die Nachricht wortgenau vorzulesen. Sie lautete folgendermaßen: »Aus China meldet man, daß amerikanische Bomber in Nordkorea nahe der chinesischen Grenze bombardieren.«

So falsch werden die Nachrichten interpretiert. Die Börse kann einstürzen, obwohl nichts geschehen ist. Deshalb sage ich immer, der gute Spekulant muß nicht nur die Nachrichten erraten, sondern auch, wie das Publikum auf die Nachrichten reagiert. Mein Buch *La Paix du Dollar* eröffnete vielen Einblick in die Hintergründe der amerikanischen Außenpolitik. Wie gut, stellte ich fest, als mich Lowell Benett von der Presseabteilung der amerikanischen Botschaft ansprach und mir sagte: »Das Buch beschreibt die Vorgänge so präzise, daß man denkt, Sie hätten Einblick in unsere geheimen Strategiepapiere gehabt.« Das von mir vermutete Geheimabkommen existierte nämlich wirklich. Ich behielt danach einen guten Kontakt zur amerikanischen Botschaft und wurde sogar von ihr engagiert, in verschiedenen Städten Frankreichs Vorträge über die amerikanische Außenpolitik zu halten. Entscheidend für den Erfolg des Buches war aber, daß der damalige Außenminister und spätere Ministerpräsident Frankreichs, Robert Schuman, ein Vorwort geschrieben hatte. Um zu erklären, wie es dazu kam, muß ich zum Ursprung des Buches zurück. Die Idee dafür wurde auf einer Südamerikareise geboren. Ich hatte dort einen Vetter Namens Georg Kostolany, der erst vor wenigen Jahren gestorben ist. Ich besuchte ihn und reiste durch den ganzen Kontinent. Oft befand ich mich während meines zweimonatigen Aufenthalts in der ungarischen Kolonie.

Dort schimpfte man auf die Amerikaner, weil sie den Ungarn in der Gegenrevolution nicht zur Hilfe gekommen waren. Zur gleichen Zeit tobte der Suezkrieg, in dem die Amerikaner die Franzosen und Engländer aufhielten, weil sie das Abkommen mit den Sowjets nicht brechen wollten. Denn wären die Engländer und Franzosen auf neutralen ägyptischen Boden vorgedrungen, wären die Sowjets sofort zur Stelle gewesen. Den Franzosen schmeckte das natürlich überhaupt nicht, denn sie wollten den damaligen ägyptischen Staatschef Nasser absetzen, da sie der Ansicht waren, er unterstütze den algerischen Aufstand. So war Amerika weder bei den Franzosen, den Engländern noch den Ungarn beliebt. Die Unpopularität hielt ich für völlig unberechtigt und dachte, darüber müsse man schreiben. Als ich zurückkam, setzte ich mich an die Schreibmaschine. Zuerst war es nur als Pamphlet gedacht, das ich allen in die Hand drücken wollte, die diesbezüglich antiamerikanisch eingestellt waren. Ich war in dieser Angelegenheit glühender amerikanischer Patriot. Aus meinem Pamphlet wurde ein Buch von 140 Seiten. Ich war damals bereits mit einigen französischen Politikern von der christlichen MRP-Partei befreundet. Ich gab das Pamphlet einem MRP-Deputierten, der intimer Mitarbeiter von Robert Schuman war. Mein Freund fand meine Ausführungen so interessant, daß er sie an den damaligen Außenminister weitergab. Dieser ließ mir ausrichten, daß er bereit sei, ein Vorwort zu schreiben, wenn mein Pamphlet in Buchform erscheine. Ich hatte die Verbindung zu einem vornehmen Verlag, der sich sofort bereit erklärte, das Buch zu veröffentlichen (Edition Plon).

Wenig später fragte mich die *Paris Presse,* ob sie Teile des Buches veröffentlichen dürften und ich nicht von Zeit zu Zeit Kommentare zur Außenpolitik veröffentlichen wolle. Die Veröffentlichungen aus *La Paix du Dollar* waren natürlich eine phantastische Werbung und machten mein Buch zu einem großen Erfolg. Mich reizte meine neue Aufgabe, und so schrieb ich in den folgenden Jahren für die *Paris Presse,* eine große Abendzeitung, die heute aber nicht mehr existiert. Sie ist irgendwann in *France Soir* aufgegangen. Auch interessante Reisen verbanden sich mit meiner Tätigkeit. Einmal gehörte ich zur Delegation Präsident Eisenhowers auf dessen Indienbesuch. Ich schrieb auch viel über die französisch-amerikanischen Beziehungen, die Beliebtheit Charles de Gaulles in den USA und leistete damit einen kleinen Beitrag zur amerikanisch-französischen Freundschaft, die keine Selbstverständlichkeit war, denn in Frankreich herrschte seit je eine antiamerikanische Stimmung. Man glaubte zum Beispiel, Amerika hetze Algerien gegen Frankreich auf, um selbst an die Bodenschätze zu kommen. Das war natürlich völliger Unsinn. Später zeichnete mich Staatspräsident Charles de Gaulle auf Initiative von Paul Renault (einem großen französischen Politiker) für meinen Beitrag mit dem Ritterorden der französischen Ehrenlegion aus.

Als meine Arbeit für die *Paris Presse* zu Ende war, ging ich in den Ruhestand. Das Alter hatte ich ja. Doch es bekam mir überhaupt nicht gut. Ich langweilte mich. Mit Lesen und Musikhören konnte ich die Zeit nicht ausfüllen. Ich war irgendwie deprimiert. Daraufhin wandte ich mich an meinen Landsmann Professor Szondy,

den weltberühmten Psychologen in Zürich. Er starb vor einigen Jahren.
Ich schilderte ihm mein Problem. Er machte mit mir den berühmten Szondy-Test, der heute von allen Psychiatern verwendet wird. Wir gingen gemeinsam achtundvierzig Fotos durch. Ich mußte Professor Szondy immer sagen, welche der Personen mir sympathisch und welche unsympathisch ist. Danach rechnete er eine Stunde hin und her, bis er mich fragte: »Wer war in Ihrer Familie der Explosive, wer hatte Wutausbrüche?« – »Mein Vater«, sagte ich ihm. »Und haben Sie auch manchmal welche?« kam die Frage zurück. »Ja«, antwortete ich. Er erklärte mir dann, daß ich zuviel Energie hätte und irgend etwas machen müsse. Wenn ich ein primitiver Mensch wäre, würde er mich zum Holzhacken in den Wald schicken oder zum Steineklopfen, um die überschüssige Energie abzuschöpfen. Da ich aber zivilisiert und gebildet sei, müsse ich etwas anderes machen. Er schlug mir vor zu schreiben. »Schreiben«, sagte ich, »schön und gut, ich habe bereits vor zehn Jahren ein Buch geschrieben, worüber soll ich schreiben?« – »Was interessiert Sie?« wollte Szondy wissen. »Zwei Sachen: Musik, was quasi meine Religion ist, und die Börse.« – »Dann schreiben Sie über eines der Themen!« war sein Rat.
Ich fuhr nach Hause und überlegte mir, über

Musik könne ich nicht schreiben, da gebe es Kompetentere als mich, ich bin ja kein ausgebildeter Musiker. Also fiel die Wahl auf die Börse. Ich dachte, ich hab' so viel Erfahrung, daß ich leicht ein Buch füllen könne.

Meine Arbeit für die *Paris Presse* hatte mir viele Freunde aus der Presse und der Literatur beschert. So lernte ich zum Beispiel George Pernoud, den literarischen Direktor des großen französischen Verlages René Julliard, kennen, der die Bücher von Françoise Sagan verlegte. Ich ging mit ihm essen. Als wir zusammensaßen und ich ihm von der Börse erzählte, sagte er mir am Schluß, was ich gehofft hatte: »Was Sie erzählt haben, war so interessant und unterhaltsam, daß Sie es in einem Buch zusammenfassen müßten.«

Zwei Tage später übersandte er mir bereits einen Vertrag, und so entstand mein erstes Buch über die Börse, das 1961 auch in Deutschland im Goverts-Verlag unter dem Titel *Das ist die Börse* erschien. In Frankreich erschien es 1960 mit dem Titel *Si la Bourse m'était comptée* (Wenn die Börse erzählen könnte). Ich hatte den Titel von Sacha Guitry abgeguckt, der einen Film mit dem Titel *Si Versailles m'était compté* gemacht hatte.

Als ich das Manuskript abgab, war ich mir unsicher und sagte Direktor Pernoud, es sei ein wenig durcheinander: Tatsachenberichte, Theorien und Anekdoten. Er meinte nur: »Das ist gut, sonst wird es zu monoton.« Nachdem er es gelesen hatte, sagte er mir: »Herr Kostolany, das Buch ist hervorragend. Wir werden einen Bestseller daraus machen.« Ich gab nach der Veröffentlichung Interviews im Fernsehen, und es wurde in Frankreich ein großer Erfolg. Mein einflußreicher Freund Albert Hahn kannte den deutschen Verleger Goverts und machte ihn auf mein Buch aufmerksam. Er versprach mir, für die deutsche Übersetzung eine Einleitung zu schreiben. So wurde es später ins Deutsche und in sieben andere Sprachen, u. a. auch ins Japanische, übersetzt.

Albert Hahn war eine der wichtigsten Bekanntschaften meines Lebens. Ich hatte ihn in New York durch meinen alten Freund Börsenrat Friedenstein kennengelernt – der in unserer Clique nur Friedensrat Börsenstein genannt wurde. Friedenstein wurde später mein Sozius in der New Yorker Finanzierungsgesellschaft.

Albert Hahn war Flüchtling aus der Schweiz, zwar so wie ich getauft, aber für Hitler Jude. Seine Frau war eine arische Gräfin. Obwohl er in der Schweiz eigentlich nichts zu befürchten hatte, fühlte er sich vor der Tür der Deutschen doch unwohl und flüchtete nach Amerika. Gegen ihn war ich ein armer Mann. Er kam mit einer Million Dollar in die USA. Den größten Teil davon hatte er wohl geerbt, denn sein Urgroßvater war der Gründer der Deutschen Effektenbank. Hahns Familie war schon zu Vermögen gekommen, bevor die Rothschilds ihres gemacht hatten. Sie gehörten zu den sogenannten Frankfurter Juden. Heute gibt es hiervon leider kaum noch welche. Hahns Vater kaufte sich irgendwann die schon damals beliebte Schweizer Staatsbürgerschaft, und so war auch er Schweizer.

In Deutschland wurde *Das ist die Börse* ein absoluter Bestseller, was vor allem wohl daran lag, daß es in Deutschland bisher noch kein Buch zu diesem Thema gab. Die Deutschen sind ja bis heute kein Volk der Aktienanleger. Damals waren sie es noch weniger, und mein Buch war eine echte Pionierleistung. Heute kann man sich auch in Deutschland vor Börsenbüchern kaum retten. In der Buchhandlung Hugendubel in München stehen die Regale voll. Meine Bücher verkaufen sich aber immer noch sehr gut, vielleicht weil die Konkurrenz das Geschäft belebt oder weil ich der einzige der breiten Masse bekannte Autor bin.

Ich konzentrierte meine Aktivitäten seit dem Bucherfolg vor allem auf die Bundesrepublik. Ich spürte, daß hier der größte Bedarf an Nachhilfestunden in Börsenkunde bestand. Dem ersten Buch folgte ein zweites mit dem Titel *Geld, das große Abenteuer.* Durch meinen großen Erfolg mit *Das ist die Börse* kam auch der Kontakt mit *Capital* zustande. Eines Tages rief mich ein Herr Cornelius Baumann an. Er war freier Mitarbeiter für das damals noch neue Wirtschaftsmagazin *Capital* und fragte mich, ob ich interessiert sei, eine Kolumne im *Capital* zu schreiben. Er hatte damit bei mir den richtigen Nerv getroffen, denn das war immer mein großer Wunsch gewesen. Sporadisch hatte ich ja immer schon geschrieben, doch eine regelmäßige Kolumne war mein Traum. Cornelius Baumann brachte mich dann mit dem Gründer von *Capital,* Adolf Theobald, zusammen. Die Redaktion saß damals wie heute in der Eupener Straße, nur das Gebäude ist größer geworden. Anfangs bekam ich ganze 200 Mark pro Kolumne.

Das Ganze ist nun rund dreißig Jahre her. Mein größter Traum wäre es, noch die Januar-Kolumne im Jahre 2000 zu schreiben.

Bisher ist sie nur zweimal ausgefallen. Einmal saß ich im Ausland mit einer Grippe fest, und ein anderes Mal meinte ein Redakteur, man könne sie nicht veröffentlichen, weil ich darin die IOS stark angegriffen hatte. Der Redakteur war der Ansicht, die Leute würden Bernie Cornfeld lieben und wollten Kritik nicht hören. Die Kolumne erschien später aber dennoch. Und sie blieb nicht die einzige im Kampf gegen die IOS. Ich wußte, wie falsch die Prophezeiungen Cornfelds waren, durch meine Börsenerfahrung und ein persönliches Erlebnis. Ein gewisser Henry Buhl III, Mitarbeiter Cornfelds, hatte nämlich versucht, mich als Händler für die IOS-Fonds von Bernie Cornfeld anzuwerben. Mit zehn Millionen Dollar sollte ich beginnen herumzufuchteln. Wichtig sei dabei vor allem, daß ich viel Umsatz machen würde. Auf meine Frage, wie er denn verhindern wolle, daß von den anderen Händlern, wir wären insgesamt zehn gewesen, einer 10 000 IBM short spekulieren und ich sie kaufen würde, gab er mir zur Antwort, das sei kein Problem. Wichtig sei nur, daß jeder am Ende einen Schnitt mache. Ich lehnte den Job damals mit Freuden ab. Das Gespräch mit Herrn Buhl war jedenfalls sehr aufschlußreich. Ich wußte anschließend noch genauer, wie gigantisch die Spielhölle war, die die IOS betrieb, und daß es böse enden mußte.

Während meines Kampfes gegen die IOS lernte ich auch meinen langjährigen Partner und Freund Gottfried Heller kennen. Es war auf einer Veranstaltung der Bayerischen Hypothekenbank. Ein Ministerialrat aus dem Bonner Wirtschaftsministerium hatte über das damals neue Auslandsinvestmentgesetz gesprochen und die Nützlichkeit von Fonds als Anlagevehikel hervorgehoben. Er verglich einen Fonds mit einem Omnibus, der für diejenigen das Richtige sei, die sich kein eigenes Auto leisten könnten. Ich fragte den Ministerialrat, wie er denn kontrollieren wolle, ob die ausländischen Busfahrer überhaupt einen Führerschein besitzen.

Nach der Veranstaltung sprach mich Gottfried Heller an und brachte mir die Idee näher, eigene »Kostolanys Börsenseminare« zu veranstalten. Ich hielt den Vorschlag für gut, und wir setzten ihn in die Tat um. Seitdem sind allein durch meine eigenen Seminare über 20 000 Teilnehmer gegangen. Außerdem wurde ich Partner in der von Gottfried Heller gegründeten Fiduka Depotverwaltung, die heute vier Fonds und Depots in einem Gesamtvolumen von 270 Millionen Mark verwaltet.

Meine zahlreichen Aktivitäten steigerten meine Popularität natürlich noch mehr, und so bekam ich immer häufiger Einladungen zu Fernsehinterviews. Herausragend war mein Streitgespräch in »Je später der Abend« mit Heide Wieczorek-Zeul, das für einige Furore sorgte. Es war für mich ein Riesenerfolg, da es später noch in vielen Zeitungen besprochen wurde. Den Konservativen hatte ich natürlich aus der Seele gesprochen. Vor allem eine Anekdote über Lilli Darvas hatte Frau Wieczorek-Zeul auf die Barrikaden gebracht. Lilli Darvas war eine große ungarische und später auch deutsche Schauspielerin – der große Star von Max Reinhardt. Sie war die letzte Frau von Ferenc Molnár, durch den ich sie persönlich kannte.

Einmal kam sie nach Paris, und wir hatten am Abend eine Verabredung. Als wir mit dem Essen fertig waren, sagte sie zu mir: »Jetzt, André, werde ich mich von Ihnen verabschieden, um mir etwas Aufreizendes anzuziehen. Dann will ich unten auf den Boulevard gehen, um zu sehen, was man mir bietet, denn umsonst ist jede Frau schön.« Damit war ich für die rote Heidi natürlich als Chauvinist der Männer abgestempelt. Als ich am Abend zurück ins Hotel kam, erhielt ich eine Nachricht von einer Frauenvereinigung, welche, daran erinnere ich mich nicht mehr, die sich für die Dummheit der Heidi entschuldigen wollte. Meine Popularität jedenfalls war stark gestiegen.

Wenig später erschien dann wieder ein Buch von mir. Es war das umfassendste von allen und erschien bei Seewald. Ich glaube, es ist in neun Auflagen als Hardcover erschienen. Später folgte noch eine Taschenbuchausgabe. Bei Seewald erschien nach dem *Wunderland von Geld und Börse* noch mein Anekdotenbuch *Kostolanys Notizbuch*.

Seitdem sind alle weiteren – mit diesem sechs Titel – bei ECON erschienen. Der erste Kontakt zu ECON ist eine sehr amüsante Geschichte. Mich hatte zuvor der Cheflektor angerufen und gefragt, ob ich nicht Interesse hätte, ein Buch für ECON zu schreiben. Ich sagte: »Vielleicht, das müßten wir besprechen. Ich bin sowieso nächste Woche in

Düsseldorf, dann können wir uns treffen.« Wir machten einen Termin in der Halle vom Hilton. Er lud mich zum Mittagessen ins Hotelrestaurant ein. Während wir dort saßen, kam ein sehr eleganter feiner Herr, der auch dort gegessen hatte, an unseren Tisch. Er sprach mich an: »Sie sind der Herr Kostolany.« – »Ja«, sagte ich. »Ich möchte mich bei Ihnen bedanken und Ihnen zu Ihrem Buch *Wunderland von Geld und Börse* gratulieren, das mich fasziniert hat.« Mein Gegenüber war natürlich baff. Man konnte annehmen, ich hätte den Herrn bestellt, wenn nicht mein zukünftiger Verleger das Restaurant ausgewählt hätte.

Sie haben im Falle der IOS recht bekommen und das deutsche Publikum vor noch größeren Verlusten bewahrt. Seit dieser Zeit sind Sie so etwas wie ein Lehrer der wirtschaftlichen Vernunft in Deutschland. Finden Sie, daß den heutigen Politikern die wirtschaftliche Vernunft abgeht, oder sind Sie mit dem Zustand der europäischen Wirtschaftspolitik zufrieden?

Wenn Sie den europäischen Einigungsprozeß meinen, kann ich Ihnen sagen, daß ich dafür bin. Ich hätte für Maastricht gestimmt, wenn ich ein

Wahlrecht hier hätte, doch es wird sowieso nicht kommen. Den Gegnern der europäischen Währungsunion sage ich, es lohnt sich nicht, gegen Maastricht zu kämpfen, denn es kommt nicht dazu. Natürlich träumen viele leidenschaftliche Europäer, zu denen ich mich auch zähle, von einer gemeinsamen Währung. Sie glauben, sie ist die Bedingung und Grundlage für ein politisch vereintes Europa. Genau das Gegenteil ist der Fall. Die Vereinigten Staaten von Europa mit einer supranationalen souveränen Wirtschafts-, Finanz- und Sozialpolitik sind die Conditio sine qua non für die Währungsunion. Ich kann mich an eine Konstellation dieser Art in der alten k. u. k. Monarchie erinnern. Es gab zwei Parlamente. Die Außen-, Finanz- und Verteidigungspolitik wurden gemeinsam kontrolliert. Franz Joseph, der auch König von Ungarn war, mußte alle Gesetze vor Inkrafttreten paraphieren. Er tat es aber nur, wenn sie in beiden Parlamenten Zustimmung fanden. Die Banknoten waren damals von einer Seite deutsch und von der anderen ungarisch bedruckt.

Der grundsätzliche Sinn veränderlicher Wechselkurse ist der Ausgleich unterschiedlicher ökonomischer Entwicklungen zweier Länder. Daß die Spekulation diese Bewegungen oft maßlos überzeichnet, steht auf einem anderen Blatt. Beträgt z. B. die Inflation in einem Land nur zwei und in

einem anderen Land zwanzig Prozent, dann muß die Währung mit der hohen Geldentwertung zwangsläufig irgendwann gegenüber der mit der geringeren abgewertet werden, soll es nicht zu riesigen Handelsungleichgewichten kommen. Helfen würden dann nur noch protektionistische Maßnahmen, was im Falle Europas absurd wäre, weil es über den Haufen werfen würde, womit die Europäische Gemeinschaft begann, nämlich der Zollunion.
Diese Inflationsunterschiede hat man in Europa zwischen Deutschland und Italien doch wunderbar beobachten können. Diverse Male mußte die Lira abgewertet werden, um die verschiedene Inflationsmentalität auszugleichen. Zuletzt konnte man die Ungleichgewichte im September 1992 und im Sommer 1993 beobachten. 1992 schieden England, Italien und Spanien über Nacht aus dem Europäischen Währungssystem aus, weil sie nicht mehr bereit waren, dem monetaristischen Kurs der Bundesbank mit ihrem Präsidenten Schlesinger an der Spitze zu folgen, der ihre Wirtschaft immer tiefer in die Rezession zog. Knapp ein Jahr später wurden aus demselben Grund die Bandbreiten der Währungsschlange für die noch im System befindlichen Währungen von 4,5 Prozent auf dreißig Prozent (fünfzehn Prozent nach oben und unten) erweitert. Die Erweiterung der Schwankungsbreite ist ein gutes

Mittel im Kampf gegen die Spekulanten. Das Spiel auf dem Samt wird damit gestoppt. Denn besteht eine große Bandbreite und eine Währung neigt zur Schwäche, ist das Risiko, auf eine Abwertung zu spekulieren, relativ gering. Natürlich ist die europäische Währungsunion damit faktisch heute von ihrem Ziel weiter entfernt, als sie es vor sieben Jahren war.
Eine einheitliche Inflationsrate ist die Grundbedingung für eine gemeinsame europäische Währung. Und diese kann man nur garantieren, wenn die Löhne, die Produktivität und die Steuern sich vollkommen gleich entwickeln, also von einer europäischen Regierung bzw. europäischen Gewerkschaften bestimmt werden. Doch das zu erreichen wird noch viel Kraft und Mühe kosten. Zu groß sind heute noch die Unterschiede zwischen den einzelnen Ländern. Wenn eine einheitliche Inflationsrate die Grundvoraussetzung für eine europäische Währung ist, dann muß auch der Warenkorb zur Messung des Preisdurchschnittes der gleiche sein. Wie aber soll das funktionieren bei den verschiedenen Lebensgewohnheiten der in Europa lebenden Völker? Ich pendle immer zwischen Frankreich und Deutschland hin und her und kann an diesen beiden Ländern sehen, die sich im europäischen Verbund sogar noch am nächsten stehen, wie gravierend die Unterschiede sind. Für den Franzo-

sen sind das Essen und guter Wein am wichtigsten. Die Deutschen hingegen lieben ihr Auto und ihr Eigenheim. Für die Engländer hingegen spielt das Essen keine wichtige Rolle, die Kleidung dafür aber um so mehr. Heizöl ist für die nördlichen Länder im Winter ein gewichtiger Faktor, die Griechen, Italiener und Spanier kümmert es hingegen überhaupt nicht.
In der Politik sind die Gegensätze genauso groß. Die Franzosen reagieren besonders empfindlich auf Arbeitslosigkeit und das Absinken des Lebensstandards, die Deutschen dagegen fürchten die Inflation. Deshalb ist man in Frankreich viel eher zu einer leichteren Geldpolitik mit etwas höherer Inflation bereit als in der Bundesrepublik, wo die Sparer auf die Zinsen und die Rente schielen. Dem Franzosen sind die Zinsen nicht so wichtig, er investiert sein Geld in Aktien.
In der Außenpolitik wollen England und Frankreich auch heute noch die Rolle einer kolonialen Großmacht spielen und sich nicht einem europäischen Konsens unterordnen. Deutschland dagegen hat seine Souveränität mit Sitz in der UNO erst seit wenigen Jahren und ist es gewohnt, in Gemeinschaft zu handeln.
In der Umweltpolitik dagegen sind die Deutschen Vorreiter. Die Ökosteuern, die sie einführen wollen, werden sie auf Europa, wegen des

mangelnden Bewußtseins der Nachbarn, nicht ausdehnen, sie aufgrund des innenpolitischen Drucks aber auch nicht fallenlassen können.
Die politische Instabilität in den zwölf zur Europäischen Union gehörenden Ländern ist eine weitere Hürde auf dem Weg zum geeinten Europa. Die Regierungen sind immer nur auf vier oder fünf Jahre gewählt. Finden die zwölf Staaten während der Verhandlungen einen Konsens, kann dieser bei Vertragsunterzeichnung schon wieder Makulatur sein, weil währenddessen in einem der Länder ein Regierungswechsel stattgefunden hat und die Interessen plötzlich völlig anders liegen. Man stelle sich vor, die Bundesrepublik bekäme eine rot-grüne Regierung. Europäische Übereinstimmung in der Energie- und Umweltpolitik wäre wohl kaum vorstellbar, weil Frankreich keinesfalls dazu bereit wäre, auf die Atomenergie zu verzichten, während die Grünen auf dem Ausstieg bestehen würden.
Und last but not least sind die Zentralbankratsmitglieder, auch wenn sie offiziell der Währungsunion das Wort reden, gegen selbige. Sie verdienen 380 000 Mark pro Jahr, damit sie zweimal im Monat nach Frankfurt kommen, ein Job, den sie sicher nicht verlieren wollen. Außerdem wollen sie die Null-Inflation erreichen, um damit zu protzen. Mit den anderen europäischen Ländern ist dieser Unsinn nicht zu machen, den

Franzosen und Engländern zum Beispiel ist eine geringere Arbeitslosigkeit wichtiger als die absolute Geldwertstabilität.
Es wird also noch sehr lange dauern, Schotten und Sizilianer, Dänen und Griechen, Ostfriesen und Portugiesen unter einen Hut zu bekommen. Oder wie Goethe es sagte: »Wer franzet oder britet, italienert oder teutschet, einer will nur wie der andere, was die Eigenliebe heischet.«
Es spielt aber auch keine Rolle, ob die Währungsunion im gesetzten Zeitrahmen kommt oder nicht. Warum, will ich mit einem alten französischen Theaterstück von Jules Romains erklären. Es heißt *Donogoo.* Ich habe es bei der Uraufführung in den dreißiger Jahren schon gesehen. Heute spielt man es als Klassiker wieder am Theâtre Français, dem offiziellen klassischen Theater von Frankreich. Der Inhalt des Stückes ist folgender:
Ein junger Abenteurer will Selbstmord begehen. Er hat schon viel probiert, aber hatte keinen Erfolg und will seinem Leben ein Ende machen. In einem Park begegnet er dem alten Le Trouhadec, einem Professor für Geographie. Auch der alte Professor ist in einem schlechten Gemütszustand. Er klagt dem Selbstmordkandidaten sein Leid. Sein Eintritt in die Französische Akademie sei ihm verwehrt worden, weil ein wissenschaftlicher Rivale entlarvt habe, daß er in einem sei-

ner Bücher von einem Land namens Donogoo im Dschungel von Südamerika mit gigantischen Goldvorkommen geschrieben habe, das in Wirklichkeit gar nicht existierte.
Plötzlich ist der junge Abenteurer hellwach: »Was«, sagt er, »Donogoo existiert nicht? Dann werden wir Donogoo erschaffen. Wir werden eine Aktiengesellschaft gründen, die Geld einsammelt zur Ausbeutung des Goldes in Donogoo.«
Gesagt, getan – er spricht mit Bankiers und Finanziers und gründet die Gesellschaft. Die Aktien werden überall eingeführt und eine große Propaganda in der Presse und überall gemacht für die Goldminen in Donogoo.
Bald ist das Thema *talk of the town*, und aus der ganzen Welt kommen Abenteurer, Goldschürfer und selbst verkrachte Existenzen. Alle wollen dorthin, wo Professor Trouhadec die Goldadern beschrieben hat. Gold finden sie kein einziges Gramm, doch während sie dort leben und suchen, müssen sie ihr Leben organisieren. Schnell entsteht eine kleine Stadt mit Geschäften, Kneipen und Häusern.
Die Geschäfte florieren gut auch ohne das Gold. Im letzten Akt des Stückes sieht man die Einwohner von Donogoo den zehnten Jahrestag ihrer Ankunft feiern. Und während sie zur Feier des Tages eine Statue enthüllen, gewidmet dem

»wissenschaflichen Irrtum«, kommt ein Telegramm an, das von der Wahl Professor Le Trouhadecs in die Französische Akademie Nachricht gibt.
Ich habe eines Nachts mal ein etwas anderes Ende geträumt. Als die Einwohner von Donogoo ihr Jubiläum feiern und gerade die Statue enthüllen, gibt es einen Knall, und Öl schießt aus dem Boden.

Also, es spielt keine Rolle, ob Europa eine gemeinsame Regierung, eine gemeinsame Währung oder eine Europäische Notenbank bekommt, viel wichtiger ist die Hoffnung darauf. Solange die Vision des geeinten Europas in den Köpfen der Verbraucher, Anleger und vor allem Unternehmer lebt, ist alles in bester Ordnung. Mit Blick auf die Zukunft wird fieberhaft investiert, gebaut und gegründet. Die Unternehmer knüpfen Beziehungen und übernehmen ausländische Firmen, um für das neue Zeitalter schon gerüstet zu sein. Letztlich entsteht eine Weltkonjunktur, bevor überhaupt der erste Vertrag unterschrieben ist, geschweige denn in Kraft tritt.

Ja. Aber im Augenblick, und der Augenblick dauert schon sehr lange und wird noch eine Weile dauern, wird die Weltkonjunktur von einer außerordentlich schlechten Stimmung überlagert – von Pol zu Pol, von Japan über Europa bis San Francisco. Merkwürdigerweise hat nach dem Untergang des Kommunismus keine allgemeine Euphorie stattgefunden, sondern die Welt hat sich ziemlich rasch wieder in eine Art pessimistischer Stimmung begeben.

Das ist das Werk der Volkswirte. Sie sind Berufspessimisten. Von ihnen spricht niemand von einem zweiten deutschen Wirtschaftswunder, weil ihnen die Phantasie fehlt. Statt dessen reden sie die Konjunktur tot. Zu diesem Thema zitiere ich immer den Dr. Knock aus dem gleichnamigen Theaterstück, auch von Jules Romains. Ich hab' es schon vor sechzig Jahren gesehen. In diesem Stück behauptet der Scharlatan Dr. Knock, als ihn ein Kollege angreift: »Jeder Mensch ist eigentlich ein Kranker, ohne es zu wissen!« Mit der Wirtschaft ist es heute umgekehrt, sie ist eigentlich gesund, ohne es zu wissen. Alle reden ständig von Krise. Das ist dummes Geschwätz, die Krise haben eher die Reichen.

Warum haben die Reichen die Krise?

Die Preise für das luxuriöse Leben sind doch wahnsinnig gestiegen. Das Beispiel des Hotel Pierre, wo ich 1940 für hundert Dollar im Monat ein Zimmer gemietet hatte, das jetzt 400 Dollar die Nacht kostet, hatten wir schon. Ich bin in einer großbürgerlichen Familie aufgewachsen und hatte immer das Glück, einen höheren Lebensstandard zu haben als die Allgemeinheit. Und aus diesem Blickwinkel kann ich fernab von irgendwelchen volkswirtschaftlichen Statistiken ein realistisches Zeitzeugnis geben. Ich habe früher besser gelebt als heute. Zu einer Zeit hatte ich drei Hausangestellte, die ich mir ohne großen Aufwand leisten konnte. Mit fünfundzwanzig Jahren besaß ich bereits einen Chauffeur.

Die Löhne waren für Wohlhabende Peanuts. Wie gesagt, auch in Luxushotels zu wohnen war keine große Sache. Wochen verbrachte ich im Palace-Hotel in St. Moritz. Das kostet heute ein Vermögen, damals habe ich mir nicht einmal Gedanken darüber gemacht. Der Grund sind die stark gestiegenen Löhne für die Dienstleistungen. Zimmermädchen und Pagen konnten in Hotels früher kostenlos wohnen und bekamen noch ein kleines Taschengeld. Selbst einmal in einem Hotel abzusteigen war für sie undenkbar,

während es für die wohlhabende Klasse keine große Sache war.
Heute fahren alle in den Urlaub, auch die Ärmeren. Trotz der Wirtschaftsflaute in Deutschland verbuchen die Reisebüros zweistellige Zuwachsraten. Demgegenüber werden die großen Hotels, die 300 Mark und mehr ohne Frühstück pro Nacht kosten, heute kaum noch von Privatleuten, sondern fast ausschließlich von Firmen gebucht.
Ich würde sogar so weit gehen, zu sagen, Karl Marx wäre mit der heutigen Situation nicht unzufrieden. Ganz sicher leben wir nicht in der Gesellschaft, die er sich als die kommunistische Gesellschaft vorstellte, doch hat er mit seiner Vision die Anhebung des Lebensstandards für die breite Masse im Auge gehabt, und das hat der Kapitalismus nun geschafft.

Sie vermissen das Studium der Betriebs- oder Volkswirtschaftslehre nicht?

Keinesfalls. Ich habe ein Diplom, in der Einführung meines letzten Buches, für das Sie das Vorwort geschrieben haben, habe ich es zugegeben. Doch es ist versteckt, und ich hüte mich davor, an das Gelernte auch nur zu denken. Was ich weiß, habe ich in der Praxis des Börsendschungels gelernt, und meine Erfahrungen mit den Volkswirten sind von einigen Ausnahmen abgesehen alle negativ.

Würden Sie auch heute sagen, daß es zu viele akademisch ausgebildete Ökonomen mit zuwenig praktischer Erkenntnis gibt?

Das ist ja die Katastrophe der Welt, daß man den Volkswirten mit ihren verstaubten Theorien, die sie auf der Uni gelernt haben, die Lenkung der Wirtschaft überläßt. In der Deutschen Bundesbank wird diese Katastrophe gerade offensichtlich, wo der Chefvolkswirt Ottmar Issing die unsägliche Politik Herrn Schlesingers fortsetzt. Ronald Reagan hat oft den Rat seiner studierten Berater über Bord geworfen und getan, was er für richtig hielt. Das Ergebnis war eine große Prosperität mit Vollbeschäftigung, was in Deutschland auch in den achtziger Jahren nie erreicht worden ist. So wie der große französische Staatsmann George Clemenceau, genannt der »Tiger«, sagte, der Krieg sei eine zu ernste Sache, um sie den Generälen zu überlassen, so sage ich, die Weltwirtschaft ist eine zu ernste Angelegenheit, um sie den Volkswirten zu überlassen. Doch es bedarf sehr vieler Arbeit und Mühe, ihre auf verstaubten Theorien aufgebauten Prognosen zu widerlegen, weshalb hierzu nur wenige bereit sind. Molière sagte: »Man braucht doppelt soviel Geist, wenn man es mit Dummen zu tun hat!« Aber nichtsdestotrotz wollen die jungen Leute alle Volks- oder Betriebswirtschaft studieren. Es ist das leichteste Studium, und man braucht in Deutschland mehr als irgendwo sonst ein Diplom, um bei großen Unternehmen eine gute Stellung zu bekommen. Für die Unternehmen ist das Diplom die Garantie, daß sie zumindest keine Analphabeten sind. Das große Unglück ist es, wenn die Volkswirte dann auch noch Börsianer werden. Ich sage ja immer, ich bin früher täglich zur Börse gegangen, weil ich nirgendwo auf der Welt so viele Dummköpfe pro Quadratmeter treffen kann wie dort. Da die Banken fast ausschließlich Volkswirte als Händler und Money-Manager beschäftigen, trifft es heute noch mehr zu als damals. Die Volkswirtschaftslehre ist schon unbrauchbar für Wirtschaftsprognosen, für Börsenprognosen bedeutet sie den Ruin.

Welche Erfahrungen haben Sie mit den Universitäten und der neueren Studentengeneration gemacht?

Gemischte, ich bin sehr intelligenten jungen Leuten, aber auch sehr großen Dummköpfen begegnet. Überwiegend waren meine Erfahrungen aber positiv. Ich habe zwar keinen festen Lehrstuhl an einer Universität, dafür bin ich häufiger Gastprofessor an allen großen Unis in Deutschland, Österreich und der Schweiz. Wenn ich komme, sind die Hörsäle voll. Ich erkläre den Studenten, was die Börse ist und daß sie nicht rechnen, sondern denken müssen, um an der Börse Erfolg zu haben. Einmal war ich an der Universität in Mannheim eingeladen, es waren 1000 Studenten dort. Nach meinem Vortrag fragte mich dann ein Betriebswirtschaftsstudent: »Herr Kostolany, Sie haben einen sehr interessanten Vortrag gehalten. Aber wenn man soviel nachdenken muß, um Erfolg zu haben, lohnt es sich dann überhaupt, Börsianer zu werden?« Da mußte ich lachen. Dieser Student zählte zu den Dummköpfen, denen ich begegnet bin, aber wie gesagt, es sind auch sehr intelligente dort. Am Schluß meines Vortrages gebe ich den Studenten, zum Ärger ihrer Professoren, die meistens in der ersten Reihe sitzen, einen Rat: »Wenn Sie von der Uni abgehen, müssen Sie sofort alles, was Sie gelernt haben, vergessen, vor allem, wenn Sie zur Börse wollen. Und glauben Sie nicht den pessimistischen Prognosen der Volkswirte. Wir gehen einer Wirtschaftseuphorie entgegen, dank dem Weltfrieden, der so sicher ist wie seit 1912 nicht mehr!«

Das sagen Sie, obwohl wir Schwierigkeiten in Afrika haben, in Angola, in Moçambique, in Indien ein latenter Bürgerkrieg besteht, in Afghanistan kein Friede einkehrt und vor allen Dingen in unserer unmittelbaren Nähe die Nachfolgestaaten des alten Jugoslawien bis vor kurzem einen erbitterten Krieg geführt haben.

Also, das war alles sehr traurig und ohne Frage eine menschliche Tragödie, doch es geht uns nichts an. Das heißt nicht, wir sollten kein Mitgefühl haben, ich meine nur, daß unser Frieden und damit der Weltfrieden nicht gefährdet sind. Und warum? Weil die Sowjetunion nicht mehr existiert, was der größte Segen für die Welt ist. Zuvor hatte die Spannung zwischen den beiden Machtblöcken die Welt paralysiert. Jederzeit bestand die Gefahr, ein Konflikt könnte entstehen, der sich bis zum Atomkrieg aufschaukelt. Gab es irgendwo eine Spannung, Korea, Vietnam, Kuba etc., standen die Sowjets auf der einen und die USA auf der anderen Seite. Gäbe es die UdSSR noch, hätten sie manu militari sofort auf der Seite der Serben gestanden, und eine internationale Spannung wäre unvermeidbar gewesen.
Der Konflikt im ehemaligen Jugoslawien hätte aber gar nicht erst soweit kommen müssen. Da

waren viele europäische Politiker schuld. Man hätte Bosnien nicht als souveränen Staat anerkennen dürfen. Warum mußte Bosnien plötzlich souverän werden, es war es nie. Bosnien war ein Teil der k. u. k. Monarchie und davor Teil des Osmanischen Reiches. Es war immer ein Dorn im Auge der Serben, daß Bosnien nicht zu Großserbien gehörte, denn die Serben waren zu allen Zeiten fanatische Patrioten. Anfang des 20. Jahrhunderts wurde die über Serbien herrschende Obrenovic-Dynastie durch die schon lange rivalisierende Familie Karaordjevic von der Macht verdrängt und ausgelöscht. Während die Obrenovic' nach einer Verständigung mit der k. u. k. Monarchie gesucht hatten, standen die neuen Herrscher Österreich-Ungarn feindlich gegenüber. Nach der Annexion Bosnien-Herzegowinas durch Österreich-Ungarn begann eine Reihe von Terrorakten, die in dem Attentat auf den Thronfolger Erzherzog Franz Ferdinand und seine Frau gipfelten. In der Folge brach dann der Erste Weltkrieg aus – also wegen Bosnien.
In Wien marschierten die Massen durch die Straßen mit der Parole: »Serbien muß sterbien.« Ein anderer Beweis dafür ist ein Lied, das man damals in Ungarn während der überall vorherrschenden euphorischen Kriegsstimmung sang: »Warte nur, warte, du Hund von Serbien, du wirst Bosnien nie besitzen, solange der Ungar

und der Deutsche noch ein Tropfen warmes Blut in seinen Adern hat.«
Diesmal singen die Serben es umgekehrt: Bosnien gehört zu Serbien und wird nicht souverän sein, solange der Serbe noch einen Tropfen warmes Blut in den Adern hat. Und in Kenntnis dieser Tatsache hätten die westlichen Politiker Bosnien dazu bewegen müssen aufzugeben. Es ist ein Jammer um die Leiden, die beide Völker, aber vor allem die Bosniaken, völlig umsonst ausgestanden haben.

Würden Sie also im Gegensatz zur absolut vorherrschenden Meinung in allen hochentwickelten Ländern, insbesondere des Westens, sagen, man hätte sie sich selbst überlassen sollen?

Man hätte mit Worten intervenieren können und Bosnien zum Einlenken bewegen. Wozu brauchen die Bosniaken einen souveränen Staat? Der Trend in der Welt geht doch in Richtung Staatenzusammenschluß. Wenn jetzt der Eindruck entsteht, ich sei proserbisch eingestellt, will ich das gleich widerlegen. Die Bosnier waren einmal meine Landsleute, rein aus Vernunft hätte ich ihnen empfohlen nachzugeben.

Der amerikanische Präsident George Bush hat ja von einer new world order, einer neuen Weltordnung, gesprochen. Die ist natürlich nicht gekommen. Was wir heute haben, ist eher eine Weltunordnung. Aber Sie sind dennoch mit dieser Weltunordnung ganz zufrieden?

Natürlich ist die Situation nicht perfekt, doch wenn ich sie mit der Zeit des kalten Krieges vergleiche, ist sie allemal besser. Ich habe jeden Morgen ab sieben Uhr vor dem Radio gesessen, immer in der Angst, irgendwo könnte eine Spannung entstehen. Das ist heute passé. Ich schalte das Radio frühestens um zehn an, und was ich höre, interessiert mich auch nicht sonderlich. Was kann man groß erfahren, außer daß Claudia Schiffer David Copperfield heiratet, die Prinzessin von Monaco ein Kind bekommt oder ähnliches.
Der Kommunismus ist tot, selbst die Gewerkschaften glauben nicht mehr an den Sozialismus. Das ist ein wichtiger Punkt für die Unternehmer.
Das neue Zeitalter ist eine Pax americana, denn die einzig verbleibende Großmacht sind, ob es den Leuten in Europa nun gefällt oder nicht, die USA. Der Friede ist dadurch auf lange Zeit gesichert.

Herr Kostolany, Ihr Interesse hat immer überwiegend dem Geld, aber Ihre Liebe immer überwiegend der Musik gegolten.

Ja, es bleibt eine offene Wunde in meinem Leben, daß ich kein Musiker geworden bin. Meine Karriere ging in eine andere Richtung. Für Musik war leider keine Zeit mehr. Als ich nach dem Zweiten Weltkrieg in Paris war und Zeit hatte, kurz bevor ich zu Professor Szondy ging, versuchte ich noch, Komposition zu lernen. Ich fuhr nach Budapest, um von einem Professor Unterricht zu bekommen, doch es war leider zwecklos. Mit sechzig kann man nichts Neues mehr lernen, das ist der große Nachteil des Alters. Auch mit Computern kann ich nichts anfangen. Aber in dem Sektor, in dem wir Alten groß geworden sind, werden wir dafür jeden Tag besser und kreativer. Also Musiker bin ich nicht geworden, ich habe aber ein paar Sachen komponieren lassen.
Ich war einmal in eine wunderschöne klassische Tänzerin verliebt. Sie hieß Bea Goll. Ich war so verliebt in sie, daß ich für sie ein Musikstück komponieren ließ, eine Variation auf drei Noten bzw. auf den drei Buchstaben B E A. Der Komponist war Jean Françaix, ich war und bin gut mit ihm bekannt.
Er lebt noch heute in Paris und ist fünfundachtzig Jahre alt.

Erst kürzlich habe ich das Stück wieder gekauft, denn man hat eine CD aufgelegt. Diesmal schenkte ich es einer sehr guten anderen Freundin, der Gräfin Schönburg. Sie ist die Mutter von Gloria von Thurn und Taxis und heißt wie meine frühere Liebe auch Bea.

Haben Ihre Eltern Ihnen Musikunterricht erteilen lassen?

Meine Kindheit war von der Beschäftigung mit Musik geprägt. Meine viel älteren Brüder musizierten bei uns zu Hause. Béla spielte Violine und machte mit seinen Schulkollegen Kammermusik. Meine Schwester hatte Gesangsstunden, und Emmerich, mein ältester Bruder, spielte Klavier und komponierte sogar ein wenig. Das schulte mein Ohr schon sehr früh für die klassische Musik, besonders natürlich für Kammermusik, die ich jeden Tag hörte. Seit meiner Kindheit kenne ich die Kammermusik von Schubert, Brahms sowie Schumann und anderen, und ich liebe sie noch heute.
Auch ich bekam Klavierunterricht und spielte mit meiner Mutter alle Beethoven-Symphonien vierhändig. Meine Klavierlehrerin Eugenia Müller hatte Klavierspielen bei keinem Geringeren als Friedrich Liszt gelernt. Durch sie weiß ich, daß

Liszts Leibgericht Froschschenkel waren. Leider bin ich später durch meine Börsenkarriere nicht mehr zum Musizieren gekommen und habe alles wieder verlernt. Aber auch wenn ich nicht spielen kann, besitze ich ein Klavier. Es war ein Geschenk meines Börsenkollegen Eugen Weinreb, des Bruders von Armin Weinreb. Er bedankte sich mit diesem wertvollen Geschenk für einen sehr profitablen Tip. Ich hatte ihm den Kauf einer Mendelsohn-Anleihe zu zehn empfohlen, die wenig später zu neunzig zurückgezahlt wurde.
Meine Musikleidenschaft förderte auch mein Schwager, der erste Mann meiner Schwester. Er nahm mich zum erstenmal in die Oper mit. Es war *Cavalleria Rusticana* von Mascagni. Gustav Mahler machte sie zum Welterfolg. Die zweite Oper meines Lebens war *Bajazzo* von Leoncavallo, hier war es mein Vater, der mich mitnahm. Er war zwar kein geschulter Musiker, aber genauso wie ich Musikliebhaber. Die dritte Oper, die ich hörte, war die *Bohème* von Puccini, und die vierte war *Tannhäuser* von Wagner. Als wir 1919 während des Kommunismus kurz in Wien lebten, verbrachten wir viele Abende in der Wiener Oper, dessen Direktor damals der berühmte Dirigent Felix Weingartner war. Man darf nicht vergessen, ich war erst dreizehn Jahre alt. Seit dieser Zeit bin ich ein ständiger Besucher der Opernhäuser dieser Welt.

Meine erste Oper, die ich in Paris hörte, war der *Rosenkavalier.* Meine Begeisterung hielt sich jedoch in Grenzen, nicht nur, weil ich einen sehr schlechten Platz hatte, sondern weil Richard Strauss' Musik für die damalige Zeit sehr modern war. Zur Weltpremiere des *Rosenkavaliers,* 1912 in der Dresdner Semperoper, gibt es eine interessante Geschichte: Ich weiß sie von meinem Vetter, der bei der Uraufführung dabei war.

Es war ein großes gesellschaftliches Ereignis. Die Oper von Strauss, der Text von Hugo von Hofmannsthal, die Kostüme so aufwendig, wie man sie bisher selten gesehen hatte, und das alles dargeboten in der berühmten Semperoper. Es fuhren sogar Sonderzüge von Berlin nach Dresden zur Weltpremiere. Mein Vetter war Journalist und sollte für eine ungarische Boulevardzeitung berichten. Offizieller Beginn der Premiere sollte 19.00 Uhr sein, doch die Aufführung verzögerte sich. Es wurde halb acht, und noch immer geschah nichts. Plötzlich kamen drei Herren herein, nahmen in der ersten Reihe Platz, es wurde dunkel, und die Oper begann. Die journalistische Neugier meines Vetters war geweckt. Wer waren diese Männer, daß man ihretwegen eine Weltpremiere verschob? In der Pause machte der Operndirektor den drei Herren seine Aufwartung, was ihre Wichtigkeit noch unterstrich. Mein Vetter wollte unbedingt wissen, wer sie waren, und heftete sich nach der Veranstaltung unauffällig an ihre Fersen. Wenn er wüßte, wo sie wohnten, könnte er vielleicht erfahren, wer sie waren. Plötzlich blieben die drei Herren vor einem Hotel stehen, und der wichtigste sagte: »Meine Herren, seien wir ehrlich, die Oper war ein großer Dreck!« Später erfuhr mein Vetter, daß es sich um die Direktion der Pariser Oper gehandelt hatte. Die Pariser Oper war sehr mächtig und kam als potenter Käufer des *Rosenkavaliers* in Frage, weshalb man den Herren soviel Bedeutung beimaß. Diesen »großen Dreck« spielt man seit achtzig Jahren in allen Opernhäusern der Welt, und er wird als Meisterwerk gefeiert.

So ist es heute auch mit den Börsendirektoren, die von den Finanzmärkten nichts verstehen.

Später änderte sich auch meine Einstellung so diametral, daß der *Rosenkavalier* heute eine meiner liebsten Opern ist. Ich kann Ihnen meine persönliche Hitliste geben: Ganz oben stehen *»Die Meistersinger von Nürnberg«* von Richard Wagner. Ich habe sie 166mal gehört. Dann geht es weiter mit:

– *Don Giovanni* von Mozart,
– *Rosenkavalier von* Strauss,
– *Falstaff* von Verdi,
– *Carmen* von Bizet,

- *Tristan und Isolde* von Wagner,
- *Othello* von Verdi,
- *Bohème* von Puccini,
- *Zauberflöte* von Mozart.

Haben Sie im Laufe Ihres Lebens auch die großen Musiker Ihrer Generation kennengelernt?

Einige ja, sogar die größten unseres Jahrhunderts, Béla Bartók und Richard Strauss. Meine Bekanntschaft mit Strauss ist eine besondere Geschichte. In den fünfziger Jahren machte ich Urlaub am Vierwaldstätter See in Vitznau. Wir hatten gerade unsere Zimmer bezogen, da kam meine Frau aufgeregt zu mir und sagte: »André, weißt du, wen ich in der Halle gesehen habe?« Ich fragte: »Nein, wen?« – »Richard Strauss, er sitzt in einem extra Salon mit seiner Frau.« Ich war in Hochstimmung versetzt. Allein der Gedanke, daß der große Meister nur wenige Meter von mir entfernt war, ließ mein Herz höher schlagen, so wie es den Groupies von heute wahrscheinlich passiert, wenn sie ihren Star hinter getönten Scheiben im Auto sehen. Mir war klar, ich mußte ihn kennenlernen. Eine solche Begegnung war eine Weisung des Schicksals, die einmalige Chance, die nie wiederkommen würde. Am nächsten Tag traf ich Dr. Strauss, wie er sich nannte, auf der Straße, ging auf ihn zu und begrüßte ihn. Er war sehr freundlich und keineswegs abweisend. Wir gingen spazieren bis zum Hotel, in dem wir wohnten. Ich hatte damals einen funkelnagelneuen Wagen, und er bat mich, ihn nach Baden bei Zürich zu fahren, wo er zur Pediküre gehen wollte.

Der große Komponist Anton Bruckner war ein solcher Verehrer Richard Wagners, daß er bei der ersten Begegnung mit ihm auf die Knie fiel und ihm die Füße küßte. Ich dachte mir, so weit brauchte ich nicht zu gehen. Ich fahre mein Idol zur Pediküre.

Wir haben dann noch einige Ausflüge gemacht und hatten interessante Konversationen. Richard Strauss lebte eher zurückgezogen und ruhig. Seine psychische Verfassung war damals nicht mehr die beste. Das Schicksal Deutschlands hatte ihn sehr getroffen, denn er war deutscher Patriot, ich betone Patriot – kein Nazi. Wir blieben auch über den Urlaub hinaus noch in ständigem Kontakt, natürlich zu meiner großen Freude.

Franz Lehár lernte ich bereits vor dem Zweiten Weltkrieg kennen im »Little Hungary«, meinem Stammlokal in Paris. Dort sah ich auch häufig Marlene Dietrich sitzen, persönlich kannte ich sie aber nicht. Lehár aber kannte ich gut. Er war Militärmusikant und ein großer Komponist. Hitlers Lieblingswerk war seine Operette *Die lustige Witwe.* Er war mit einer ungarischen Jüdin sehr unglücklich verheiratet, wollte sich scheiden lassen, doch sie verweigerte es ihm. Da Hitler *Die lustige Witwe* so liebte, ließ er Lehár ausrichten, er würde ihm eine große Auszeichnung geben, wenn er seine Frau verstieße. Für ihn wäre es die Gelegenheit gewesen, die gewollte Trennung endlich zu vollziehen. Aber er hat es nicht getan. Seine Antwort war: »Unter diesen Bedingungen mache ich es nicht.« Er war ein echter Herr, ganz im Gegensatz zu Gustav Fröhlich, der seine jüdische Frau Gitta Alpár, die größte Sängerin damals, verstieß, als sie von ihm ein Kind erwartete.

Nach dem Krieg kam Gustav Fröhlich dann zurück und hat auf Knien um Verzeihung gebeten, jedoch erfolglos. Gitta Alpár lebt heute noch. Sie muß über neunzig Jahre alt sein. Mit dem Operettenkomponisten Emmerich Kalmán verband mich eine besonders gute Freundschaft. Ich war sein Berater in Finanzangelegenheiten. Durch ihn lernte ich noch weitere große Musiker kennen, wie zum Beispiel Fritz Kreisler und viele andere. Es war für mich immer das größte Glück, einen großen Musiker kennenzulernen.

Haben Sie auch Igor Strawinsky gekannt?

Nein, leider nicht, ich hätte ihn kennenlernen können. Wir hatten gute gemeinsame Freunde in New York, doch es ergab sich nicht. Meine Freunde hatten mir nur gesagt, ich sähe ihm extrem ähnlich, selbst war ich ihm nie begegnet. Dann besuchte ich die Uraufführung von Strawinskys *The Rakes Progress* im Opernhaus Fenice in Venedig, das kürzlich abgebrannt ist. Nach der Vorstellung saß ich allein auf einem kleinen Platz in Venedig. Mir gegenüber war ein langer Tisch mit zehn Personen, die sich in vier Sprachen unterhielten – Französisch, Deutsch, Russisch und Italienisch. Direkt vis-à-vis von mir saß ein alter Herr, der mir Kopfzerbrechen machte, da ich mir sicher war, ihn zu kennen. Und dann kam ich drauf: »Das bin ich – nur zwanzig Jahre älter.« Im selben Moment war mir klar, daß es Maestro Igor Strawinsky persönlich sein mußte. Der Kellner, den ich fragte, räumte meine letzten Zweifel aus. Ich sah Strawinsky danach noch einige Male in Venedig, doch kam leider nicht mit ihm ins Gespräch.

Die anderen haben Sie nicht nur gesehen, sondern auch näher kennengelernt. Sie erwähnten besonders Emmerich Kalmán, den Operettenkomponisten. Mögen Sie seine Musik eigentlich?

Sehr sogar, seine Musik spielt man heute in der ganzen Welt, er ist sehr populär, sogar in Rußland. Ich bin heute noch mit seinem Sohn und seiner Witwe Vera befreundet. Ich erlebte mit ihr zu Kalmáns Lebzeiten eine amüsante Geschichte, wie so oft eine Geldgeschichte. Unmittelbar nach dem Zweiten Weltkrieg war ich ein paar Tage in Wien. Vera rief mich an und sagte: »Lieber André, ich hätte eine Bitte an Sie!« – »Was denn?« wollte ich wissen. »Der Emmerich wird Sie in einer Stunde anrufen und fragen, ob ein großer Diamantring eine gute Geldanlage ist oder nicht. Bitte sagen Sie ja, alle meine Freundinnen haben schon wunderschöne Diamantringe, nur ich nicht, die Frau eines reichen Komponisten.« Der angekündigte Anruf kam pünktlich, und wie erwartet fragte Emmerich Kalmán mich, ob ein Diamantring in bester Qualität eine gute Anlage sei. Mit gutem Gewissen riet ich ihm zu. »Da du nur Wertpapiere hast, zudem ausschließlich amerikanische, kann man einen Diamantring als Sachwert beimischen. Es gibt ja auch eine schöne Dividende!« – »Welche Dividende?« fragte Kal-

mán ungläubig. »Wenn die Freundinnen ihn sehen und vor Neid zerplatzen«, erklärte ich. Er lachte, und eine Woche später hatte Vera den Diamantring. Ich halte es auch nicht für das Ärgste, wenn die Ehefrau sich für Diamanten oder Pelze begeistert. Es wird zwar sehr teuer, doch hat es irgendwo Grenzen. Schlimmer ist es, wenn die eigene Frau ins Bankkonto verliebt ist, denn da gibt es keine Grenze und keine Sättigung.
Für meinen Freund Emmerich Kalmán war es der letzte Ring, den er verschenkte, denn er starb in derselben Woche.

Die anderen Komponisten, die Sie erwähnt haben, haben ja eine von Grund auf andere Musik gemacht, wenn ich an Béla Bartók denke. Wo haben Sie Béla Bartók kennengelernt?

In Amerika, er war Emigrant wie ich, obwohl er keinen Grund für die Emigration hatte, denn Jude war er nicht. Doch er war ein zutiefst liberal und demokratisch geprägter Mensch und wollte im Dritten Reich nicht leben. Ich habe keinen so vornehmen Mann gesehen wie Béla Bartók, der ein Benehmen wie ein Ur-Aristokrat hatte, obwohl er aus einer kleinbürgerlichen Familie stammte.

Er war bestimmt ein musikalisches Genie. Seine Musik ist aber *not my cup of tea,* wie die Engländer sagen würden. Mir ist sie zu modern, ich bin Romantiker, insbesondere liegt mir die deutsche Romantik.

Was entspricht Ihrem Hang zum Romantischen und Spätromantischen?

Richard Strauss natürlich. Ich kenne seine ganzen Werke. Ich erinnere mich, wir waren zusammen Mittag essen im Verenahof in Baden bei Zürich und aßen Forellen, von denen am Ende eine übrigblieb. Die haben wir uns dann geteilt. Das sind die kleinen, aber unvergeßlichen Momente meines Lebens. Gern hätte ich mit ihm noch häufiger über Musik gesprochen, doch fast immer mußte ich über die Börse erzählen, besonders seine Frau Pauline wollte alles über Spekulation erfahren.
So ging es mir oft, ob ich mit Malern, Schriftstellern oder Musikern zusammen war, alle wollten mit mir über die Börse sprechen. So zum Beispiel auch Fritz Kreisler, der große Komponist und Geiger, den ich schon erwähnt habe. Er bedrängte mich ständig um eine Weisheit, einen Tip, denn sein größtes Problem war immer, ob man kaufen oder verkaufen solle. Er dachte sicherlich, ich hätte ein besseres Ohr für die Dissonanzen der

Börse als er. Allerdings hatte er mir gegenüber einen enormen Vorteil. Er konnte seine Börsenverluste vom Vormittag abends mit der Geige wieder einspielen.

Aber ist es nicht überhaupt so, daß Musiker sehr gerne über Geld reden, Literaten natürlich auch?

Ja natürlich!
Das Phänomen Börse reizt nun einmal die Menschen. Folgende Geschichte scheint mir typisch. Mein guter Freund Janos H. aus Budapest war oft mein Gast an der französischen Riviera. Er war ein Mann von großer Kultur und besonders in der französischen Literatur bewandert. Ich wollte ihm eine besondere Freude machen und lud meinen Freund und Nachbarn, den französischen Schriftsteller und Goncourtpreisträger M. C., ein. Letzterer war zudem Kunstkritiker und Professor der französischen Literatur in Amerika. Ich wollte eigentlich vor dem Franzosen mit meinem ungarischen Freund protzen, wollte ihm zeigen, daß man selbst im kommunistischen Ungarn über die jüngste französische Literaturentwicklung wohl informiert ist. Mein Freund Janos bereitete sich tagelang auf den literarischen Gedankenaustausch vor. Leider kam es nicht zu dem geplan-

ten belletristischen Gespräch, da mein Ehrengast mich mit Fragen über Elektronik und Ölwert, Goldpreise und Geldmarkt bombardierte. Mein armer Freund Janos konnte kein Wort anbringen. Traurig saß er bei Tisch. Das geplante literarische Mittagessen war ein Fiasko geworden.

Geht Ihnen das oft so?

Immer, aber ich habe mich mit meinem Nimbus abgefunden. Deshalb warne ich auch alle gastfreundlichen Damen davor, mich einzuladen, wenn sie Künstler, Schriftsteller oder andere Schöngeister empfangen. Schon meine Anwesenheit verpestet die Atmosphäre.

Na gut. Aber nehmen Sie den anderen Fall, nicht Intellektuelle, nicht Künstler wollen mit Ihnen über die Börse oder Geldanlage reden, sondern der einfache Normalverbraucher, jemand mit einem durchschnittlichen Einkommen. Was raten Sie dem?

Dem gebe ich den Tip mit den Schlaftabletten. Er soll erstklassige internationale Papiere kaufen und Schlaftabletten nehmen, denn wenn er aufwacht, wird er gute Überraschungen haben. Bevor er aber Geld an der Börse investiert, sollte er es in die Ausbildung seiner Kinder investieren, sofern er welche hat. Das ist das beste Investment. Ich bin der lebende Beweis. Meine Eltern hätten am Rande des Existenzminimums ihren Ruhestand fristen müssen, wenn ich sie nicht unterstützt hätte.

Ihr Leben hat in Ungarn angefangen. Sie haben sich ein wenig wieder im späteren Verlauf Ihres Lebens in Richtung Ungarn orientiert und dort eine Wohnung gekauft.

Ich wohne zwar nicht oft dort, meistens bin ich aufgrund der Bequemlichkeit im Forum-Hotel an der Donau. Aber man fühlt sich mehr verwurzelt, wenn man eine Wohnung in einer Stadt hat.

Wie sehen Sie denn die Entwicklung dieser nachkommunistischen Gesellschaft in Ungarn?

Ich bin äußerst optimistisch. Es wird natürlich etwas dauern, doch in fünf bis sechs Jahren werden sie schon große Fortschritte gemacht haben, denn es kommt sehr viel ausländisches Kapital herein. Die Ungarn sind ein sehr lebens- und unternehmenslustiges Volk. Die kommunistische Gesellschaft war für Ungarn deshalb auch unbrauchbarer als für jedes andere Land. Die Arbeiter sagten, wir verdienen ein bisserl, und dafür arbeiten wir auch ein bisserl. In Budapest erzählt man einen berühmten Witz: Einmal kommt ein Ausländer nach Ungarn und sieht das gute Leben. Er spricht einen Ungarn an: »Ihr sagt immer, Ungarn sei ein armes Land, aber alle leben gut.« – »Ja«, sagt der Ungar. »Es gibt in ganz Ungarn nur eine 1000-Forint-Banknote, doch die ist jeden Tag in der Tasche eines anderen.«

Gilt diese günstige Prognose auch für die anderen osteuropäischen Länder?

Für die Tschechei unbedingt. Das tschechische Volk ist ausgesprochen fleißig und hat die deutschen Tugenden. Polen kommt danach, die Polen sind sehr aktiv, im Handel aber weniger fleißig. Die sogenannte »polnische Wirtschaft« ist manchmal natürlich ein Hindernis. An die erste Stelle würde ich aber auf jeden Fall Ungarn setzen, weil hier die Marktwirtschaft bereits heimlich vor dem Fall des Eisernen Vorhangs eingeführt wurde. Sogar eine Börse wurde schon eröffnet. Ich war bei der Eröffnungsfeier dabei und wurde zum Ehrenpräsidenten ernannt. So konnte ich mir doch noch den Karrieretraum meiner Jugend erfüllen, Börsenpräsident oder Operndirektor zu werden. August Everding, den ich gut kenne, sage ich aus Spaß immer, wenn wir uns sehen, er solle mir eine Stellung bei einem Opernhaus verschaffen, das wäre mein Traum.

Sie sind von Budapest nach Paris gegangen, haben den Kontakt zu Budapest aber nie abreißen lassen. Haben Sie auch noch Verbindung zu den heutigen ungarischen führenden Kreisen, außer zu Otto von Habsburg?

An meinem neunzigsten Geburtstag war ich mit anderen bekannten Auslandsungarn bei Ministerpräsident Gyula Horn eingeladen. Dort traf ich auch Otto von Habsburg, der in Ungarn ein führender Mann sein könnte, wenn er wollte. Präsident der Republik könnte er werden. Ich kenne ihn bereits seit Jahren und sehe ihn hier und da. Es ist immer ein Vergnügen, er ist so entzückend und reizend. Er spricht ein wunderbares Deutsch, dieses Vorkriegs-Österreichisch.

Wie ist denn sein Ungarisch?

Perfekt so wie meins. Ich fragte ihn mal: »Erzherzog«, ich nenne ihn Erzherzog, »was sagen Sie zu meinem Ungarisch, ich lebe seit siebzig Jahren nicht mehr in Ungarn.« – »Phantastisch«, sagte er und fragte mich zugleich, wie ich sein Ungarisch fände, er habe nie dort gelebt. Er hatte einen ungarischen Benediktiner als Hauslehrer, bei dem hat er perfektes Ungarisch gelernt. Seine Mutter, die Kaiserin Zita de Bourbon-Parma, war sehr gescheit, ihre beiden Brüder kannte ich. Einer der beiden, René, wohnte in New York im selben Haus wie ich. Er war durch seine Heirat der Schwiegersohn des Königs von Dänemark. Einmal machte ich ihm einen Vorschlag, natürlich mit einem schönen Honorar, den er auch mit Freude akzeptierte: Er sollte nach Washington fahren, dort den Botschafter von Dänemark, den er gut kannte, aufsuchen und sich bei ihm erkundigen, ob gewisse dänische Anleihen am 1. Dezember 1941 bezahlt werden sollten oder nicht. Ich interessierte mich während des letzten Krieges in New York für europäische Regierungsanleihen, besonders solche, deren Schuldnerländer von der deutschen Armee besetzt waren.

Das war auch der Fall bei den Schuldscheinen des Königreichs Dänemark, die an der New Yorker Börse gehandelt wurden. Die Zinscoupons wurden bezahlt, aber die Frage blieb offen, ob eine sich gefährlich nähernde Rückzahlung möglich sei oder nicht. »Zahlen oder nicht zahlen« war hier die Frage für die dänische Regierung. Es handelte sich um sechsprozentige Gutscheine, die an der Börse sechzig Prozent des Nominalwertes notierten und die in sechs Monaten zu hundert eingelöst werden sollten. So ein anomaler Abschlag war für eine Anleihe dieser Qualität nicht denkbar, um so weniger, als die Schuldnerin, die dänische Regierung, in US-Banken einen großen Betrag an Dollars besaß.

Ich hatte von diesen Papieren schon ein kleines Paket zu einem Kurs 30 : 40 gekauft. Warum sollte man sie schon zu dem damaligen Kurs 60 : 70 verkaufen, wohin sie langsam kletterten, wenn man in einigen Monaten einfach zum Schalter würde gehen können, um sie zu hundert einzulösen. Ich wußte nur nicht sicher, ob Dänemark bezahlen würde.

Zum festgesetzten Tag, zur festgesetzten Stunde rief mich der Prinz aus Washington an (Pünktlichkeit ist die Höflichkeit der Könige): »Die Anleihen werden nicht bezahlt!« Es war zwar nichts faul im Staate Dänemark, die Dänen hatten genügend Dollars in den USA, um ihre Schuldscheine einzulösen, aber sie hätten ihre Kassen leeren müssen und für andere Anleihen mit späterer Fälligkeit, die noch im Umlauf waren, keine Zinsen mehr zahlen können. Die Zinsen für die sechsprozentigen Anleihen sollten auch weiter bezahlt werden, aber nicht das Kapital.

Ich konnte nun meine dänischen Papiere sehr günstig verkaufen, weil sie nur einen Monat vor Fälligkeit in die Höhe stiegen und sogar neunzig erreichten, wo ich dann die Courage hatte, auch leer zu verkaufen. Der Kurs hielt sich zu meiner Überraschung, ich begann sogar, an meinem Prinzen zu zweifeln. Doch es dauerte nicht lange, da erschien eines Morgens in der *New York Times* eine große Annonce mit dem Text: »Die Regierung von Dänemark bedauert es, ihren Gläubigern schweren Herzens mitteilen zu müssen, daß...« Der Rest war all das, was ich schon von dem Prinzen erfahren hatte. Die Anleihen stürzten auf sechzig Prozent, meine Insiderinformation war von Erfolg gekrönt. Aber seither traue ich nicht mehr der dritten Strophe, Psalm 143, König David, die besagt: »Verlasset Euch nicht auf Prinzen.«

Wer Sie im Gespräch erlebt, Herr Kostolany, kommt unmöglich auf den Gedanken, daß Sie schon 1906 geboren worden sind und inzwischen das darstellen, was man früher einmal, als man noch nicht so höflich war wie heute, als einen Greis bezeichnen konnte. Sie äußern sich so tief engagiert am Leben und an allem Lebendigen, daß sich mir umgekehrt die Frage stellt: Denkt Kostolany eigentlich gelegentlich auch mal an den Tod und daß das Leben ein Ende hat?

Leider ja, ich muß mit neunzig jederzeit damit rechnen. Wenn ich Termine für Vorträge mache, die ein halbes Jahr entfernt sind, frage ich mich, ob ich sie noch einhalten kann. Allein wenn ich an meine Bibliothek denke, was wird aus ihr werden, wenn ich nicht mehr da bin? Aber noch schlimmer, was wird aus meinen ganzen Papieren? Man wird das meiste wegwerfen. Als ich vor ein paar Jahren nach dem Tod meiner Schwester ihre Wohnung in Zürich aufgelöst habe, mußte ich auch das meiste wegwerfen, doch im Herzen tat es mir weh, weil ich weiß, wie man als alter Mensch an diesen Erinnerungsstücken hängt.

Das ist natürlich ein Gedanke, der zwar den Tod einbezieht, aber dem Leben zugewendet ist. Was aber kommt danach, wenn man so indezent fragen darf? Ist für Sie der Tod das Ende, oder gibt es irgendeine Existenzform, die weiterführt?

Da bin ich nicht sicher.

Dann lassen Sie sich überraschen?

Ja, ich laß' mich überraschen und bete, daß ich Silvester 2000 noch feiern kann.

Herr Kostolany, Sie sind mit neunzig Jahren, wie man sehen kann, bei großer geistiger und, ich glaube, auch körperlicher Gesundheit. Wenn Sie zusammenfassen müßten, wodurch erhält man sich diese Art Lebendigkeit. Auf welche Rezeptur würden Sie kommen?

Einen Teil habe ich auch geerbt. Die Kostolanys sind alle sehr alt geworden. Mein Vater wurde siebenundachtzig, meine Mutter auch, meine Schwester zweiundneunzig und Béla achtundachtzig. Nur Emmerich starb schon mit sieben-

undsiebzig, er war immer der Kränkliche in unserer Familie gewesen. Auch meine Großeltern wurden sehr alt. Aber das ist natürlich nicht alles. Ich lebe sehr gesund, esse sehr wenig, rauche nicht, trinke nur wenig Alkohol, gerade soviel, wie gesund ist. Das wichtigste aber ist die geistige Gymnastik, daß ich noch immer ununterbrochen analysiere, denke, herumreise, debattiere und schreibe. Meine alten Freunde, die im gleichen Alter und auch noch frisch sind, spielen den ganzen Tag Bridge, nicht Skat. Nur in Deutschland spielt man Skat, in Frankreich und überall in Europa spielt man Bridge.
Ich spiele nicht Bridge, ich habe die Börse, die mich täglich zum Denken zwingt, das ist wichtig.

Betreiben Sie auch körperliche Gymnastik?

Überhaupt keine, so wie Winston Churchill es sagte: »No sports.«

Herr Kostolany, gibt es für Sie etwas Unverrückbares? Gibt es für Sie Grundwerte, an denen Sie sich orientieren?

Ich gehe auf alle Menschen zunächst vollkommen unvoreingenommen zu, und jeder gilt für mich so lange als integer, bis er mir das Gegenteil gezeigt hat. Das ist eine positive Grundeinstellung. Die Menschen, die ich kenne, beurteile ich nach verschiedenen Qualitäten, wie Intellekt, Ästhetik und Moral. Ich beurteile die verschiedenen Qualitäten auf einer Skala von zehn positiven bis zehn negativen Punkten.
Ich hatte Freunde, die in puncto Intellekt zehn positive Punkte und in bezug auf die Moral zehn negative Punkte hatten, weil sie Taschendiebe waren. Auch die umgekehrte Konstellation hatte ich in meinem Freundeskreis. Unter Ästhetik verstehe ich die Ausstrahlung eines Menschen. Jemand muß nicht besonders gescheit oder moralisch sein und kann doch eine große Wirkung auf andere haben.

Würden Sie sich selbst eher als Menschenfreund oder als Menschenverachter bezeichnen?

Unbedingter Menschenfreund. Ich liebe die Menschen, wo ich bin, suche ich das Gespräch, und ich glaube, das spüren die Leute auch. Besonders bei der Jugend bin ich sehr populär.

Interessiert es Sie eigentlich, was aus Ihrem Lebenswerk und aus Ihrem Namen später einmal wird?

Das interessiert mich sehr, und es ist eine große Freude für mich, daß von meinen Büchern, die in acht Sprachen übersetzt wurden, bisher über eine Million Exemplare verkauft worden sind. Sie wurden ins Japanische und auch ins Ungarische übersetzt, nicht weil ich Ungar bin, sondern weil die Ungarn sehr börseninteressiert sind. Wenn ich in Washington bin, geht mein erster Weg immer in die Library of Congress, damit ich sehen kann, ob meine Bücher da sind. Haben Sie das auch schon einmal gemacht?

Nein, aber ich habe schon mal ins Lexikon geguckt, ob ich drin stehe, und ich war stolz darauf, als ich meinen Namen zum erstenmal darin sah.

Ist ein Buch von mir auf den Bestsellerlisten, interessiert mich das zehnprozentige Autorenhonorar viel weniger als die Tatsache, daß die Leute bereit waren, für meine Anekdoten und Weisheiten das Zehnfache auszugeben. Meine Bücher werden mich überleben, und wenn sie den nächsten Generationen nützen können, wäre ich zutiefst erfreut.

Also dann bestätigt sich es: Geld bedeutet Ihnen wirklich nicht alles, denn die Nachwelt zahlt ja kein Honorar. Es ist ein Ausdruck der Menschenfreundlichkeit, der Nachwelt etwas zu hinterlassen.